Landschaften auf IBIZA und FORMENTERA

ein Auto- und Wanderführer

Zweite Auflage

Hans Losse

SUNFLOWER
BOOKS

Für Rolf, meinen langjährigen Wanderfreund

Zweite Auflage

Sunflower Books
12 Kendrick Mews
GB-London SW7 3HG

Erste Auflage 1989

ISBN 1-85691-062-8

Die punische Göttin Tanit

Wichtiger Hinweis an die Leser

Wir haben uns um Beschreibungen und Karten bemüht, die zum Zeitpunkt der Drucklegung fehlerfrei sind. Neuauflagen werden (sofern erforderlich) aktualisiert. Es wäre für uns sehr hilfreich, Ihre Verbesserungsvorschläge zu erhalten. Bitte senden Sie Anregungen und Kritik auf Deutsch oder Englisch an den Verlag.

Wir verlassen uns auch darauf, daß die Benutzer dieses Buches — insbesondere Wanderer — die Landschaft mit Besonnenheit und Umsicht erkunden. Die Gegebenheiten können sich auf Ibiza und Formentera ***durch Bauarbeiten sowie Sturmschäden rasch ändern.*** Sollte einmal eine Wanderroute anders als hier beschrieben sein und Ihnen der weitere Weg unsicher erscheinen, kehren Sie zum Ausgangspunkt zurück. ***Versuchen Sie niemals, eine Tour unter gefährlichen Bedingungen fortzusetzen!*** Bitte lesen Sie sorgfältig die Ausführungen auf den Seiten 22-29 sowie die einleitenden Planungshinweise (hinsichtlich Straßenzustand, Ausrüstung, Schwierigkeitsgrad, Länge, Gehzeit usw.) zu Beginn einer jeden Tour. Gehen Sie mit ***Umsicht*** auf Erkundungstour, und nehmen Sie dabei Rücksicht auf die Schönheit der Landschaft.

Umschlagfoto: Blick auf den Vedrà-Felsen von Cala d'Hort aus
Titelbild: Felsen am Cap Martinet (Wanderung 3, Picknick 3b)
Oben: Diese kleine Tonfigur in der Nische einer Finca stellt die punische Göttin Tanit dar. Die Karthager besiedelten Ibiza bereits in verchristlicher Zeit.
Fotos: der Autor, mit Ausnahme Seite 101 (Rolf Damm)
Auto- und Radkarten: John Theasby und Pat Underwood
Abdruck der Wanderkarten mit freundlicher Genehmigung von Mapa Topográfico de España; Ibiza (10 Blätter, Maßstab 1.25 000)
Zeichnungen: John Theasby, mit Ausnahme Seite 20-21: Sharon Rochford
Druck und Einband in England von Brightsea Press, Exeter

10 9 8 7 6 5 4 3 2 1

Inhaltsverzeichnis

Vorwort

Bis etwa 1960 gehörten die Baleareninseln Ibiza und Formentera den Einheimischen, und nur wenige Maler, Dichter und Schriftsteller lebten in diesem Paradies. Es folgten die Blumenkinder, Hippies, Aussteiger. In den letzten 30 Jahren hat der Massentourismus die Inseln erobert und leider viel von dem zerstört, was den Reiz Ibizas und Formenteras ausmachte.

Aber nicht alles ist kaputt auf Ibiza und Formentera; der Bettenburgenbau hat einen Sättigungsgrad erreicht, und eine Reise zu den »Pityusen«, den Pinieninseln, wie die Griechen sie nannten, lohnt sich auch heute durchaus noch. Verborgene Schönheiten in unendlicher Fülle bergen die Inseln bis auf den heutigen Tag. Dieser kleine Führer soll Ihnen helfen, die landschaftlichen Schönheiten der Inseln wandernd oder radelnd zu entdecken.

Von Ibiza verschaffen Sie sich mit dem Mietwagen oder Linienbus zunächst einen Überblick. Auf Formentera sollten Sie ausschließlich das Fahrrad benutzen! Danach unternehmen Sie die eine kurze Wanderung, oder Sie machen einen Picknickausflug zu den auf den Seiten 8-12 beschriebenen Plätzen in herrlicher landschaftlicher Umgebung. Wenn Sie mit der Landschaft etwas vertrauter geworden sind, planen Sie eine größere Tour. An heißen Sommertagen bleiben Sie am besten an der Küste, wo immer ein leichter Wind weht. An einem bedeckten Tag ist es aber auch im Hochsommer nicht zu heiß für eine Inseldurchquerung von Küste zu Küste. Auf den Wanderungen entlang der Küstenpfade entdecken Sie manche hübsche Badebucht. Nach einem erfrischenden Bad im Meer wandert es sich noch besser.

»Nur wo man zu Fuß war, war man wirklich«, lautet ein altes geflügeltes Wort. Spüren Sie den Wahrheitsgehalt dieses Satzes auf, und erobern Sie die vielen Touristen unbekannten Winkel Ibizas und Formenteras zu Fuß und per Rad!

Danksagungen

Ich danke meiner Frau Christa und meinem Freund Rolf, mit denen ich die beschriebenen Wanderungen und Radtouren unternommen habe. Für das Tippen des Manuskripts danke ich Barbara Schmidt. Für die Zeichnungen und die Gestaltung der Landkarten danke ich Sharon Rochford, John Theasby und last not least meiner Verlegerin Pat Underwood.

Ortsnamen

Die Schreibweise der Ortsnamen ist unterschiedlich, sie hängt vom Dialekt ab. Wir haben die Schreibweise der Karten *Mapa Topográfico* (siehe Seite 23 oben) und *Mapa de Formentera* (siehe Seite 110) verwendet.

Sonne leuchte mir ins Herz hinein,
Wind verweh mir Sorgen und Beschwerden!
Tiefre Wonne weiß ich nicht auf Erden,
als im Weiten unterwegs zu sein.

— Hermann Hesse

IBIZA

Autotouren • Wanderungen • Picknickvorschläge

Kirche von San Carlos

Picknickausflüge

Die hier beschriebenen Picknickplätze liegen an den Wanderrouten. Sie wurden wegen ihrer großartigen Aussichten gewählt und sind meist in einem kleinen Spaziergang vom nächsten Ort aus zu erreichen; bei einigen müssen Sie etwas klettern. Die Gehzeit ist **fettgedruckt**.

Die Nummerierung der Picknickausflüge entspricht derjenigen der Wanderungen. Die allgemeine Lage eines Picknickplatzes können Sie also schnell durch die weißen Umrißlinien auf der Autokarte finden. Auf der *Wanderkarte* ist die genaue Lage des Picknickplatzes durch ein ***P*** gekennzeichnet. Wenn Sie es etwas bequemer haben möchten, können Sie auch noch weiter an den Picknickplatz heran fahren. Schauen Sie sich die Straßen auf den Wanderkarten in großem Maßstab an! In erster Linie möchten wir sie zur Benutzung Ihrer Beine veranlassen. Falls Sie noch kein passionierter Wanderer sind, so kommen Sie vielleicht bei den Spaziergängen zu den Picknickplätzen auf den Geschmack.

Lesen Sie bitte die Beschreibung, ehe Sie sich auf den Weg machen: wenn Sie ein Stück gehen müssen, sollten Sie angemessenes Schuhwerk tragen und einen Sonnenhut mitnehmen. Eine Plastikplane empfiehlt sich für den Fall, daß der Boden feucht oder stachelig ist.

Bitte vergessen Sie nicht, einen Plastikbeutel für Ihren Abfall mitzunehmen, und genieren Sie sich bitte auch nicht, einmal etwas Müll von anderen mit hineinzustecken! Ibiza ist eine vergleichsweise saubere Insel; tragen Sie bitte mit dazu bei, daß es so bleibt.

Picknickvorschläge

1a PLATJA DES DUROS (Karte Seite 36-37, Foto Seite 34-35)

Dem Beginn von Wanderung 1 (Seite 32) **37 Minuten** zu diesem kleinen Strand folgen. Zurück nimmt man das ⛴, das bei dem Hotel El Corso anlegt. *Gute Bademöglichkeit, jedoch kein Schatten.*

1b ILLA GROSSA (Karte Seite 36-37, Foto Seite 34-35)

⛴ oder 🚗 nach Talamanca. Ab hier Wanderung 1 (Seite 32) von der 27Min-Stelle bis zu den Steinbänken an der 55Min-Stelle) folgen (**28 Minuten** Fußweg). *Gute Bademöglichkeit, jedoch kein Schatten.* Über die Landbrücke und die Illa Plana geht man dann zur Anlegestelle des Fährschiffes zurück.

1c BOTAFOC (Karte Seite 36-37, Foto Seite 34-35)

⛴ oder 🚗 nach Talamanca. Ab hier Wanderung 1 (Seite 32) von der 27Min-Stelle bis zur Platja des Duros folgen. Man geht jetzt noch ein

Stück in südlicher Richtung weiter — bis zu einigen Steinbänken (**15 Minuten** Fußweg). *Gute Bademöglichkeit, jedoch kein Schatten.*

2 SA TALAIA (Karte Seite 36-37, Foto Seite 12)

🚌 oder 🚗 nach Talamanca. Ab hier Wanderung 2 (Seite 34) etwa **1 Stunde** bis zum 175m hohen Gipfel folgen. *Schatten.*

3a TALAMANCA (Karte seite 36-37)

🚌 oder 🚗 nach Talamanca. Ab hier Wanderung 3 (Seite 39) nur **wenigen Minuten** folgen, um den kleinen Hügel zu erklimmen. Eine leichte Kletterstelle muß überwundenwerden. *Eine einsame Pinie spendet Schatten; am Talamanca-Strand gute Bademöglichkeit.*

3b CAP MARTINET (Karte Seite 36-37)

🚌 oder 🚗 nach Talamanca. Ab hier Wanderung 3 (Seite 39) **43 Minuten** folgen. Hier findet man merkwürdig geformten Felsen, *jedoch kein Schatten oder Bademöglichkeit.* Kap Martinet is auf der Foto für Picnic 2 auf Seite 12 abgebildet.

3c BUCHT ÖSTLICH DES CAP MARTINET (Karte Seite 36-37)

🚌 oder 🚗 nach Talamanca. Ab hier Wanderung 3 (Seite 39) **54 Minuten** folgen, bis zu einer einsame Bucht, der nur zu Fuß oder mit dem Schiff erreicht werden kann. *Gute Bademöglichkeit, Schatten in der Nähe.*

3d CALA SALT D'EN SERRA (Karte Seite 36-37, Foto Seite 42-43)

🚌 oder 🚗 (Autotour 2) zur Cala Llonga. Ab hier wandert man zur Salt d'en Serra (Wanderung 3 in umgekehrter Richtung; **15 Minuten** Fußweg). Wenig besuchte Naturbucht mit Kieselstrand; kleines Restaurant in der Nähe. *Gute Bademöglichkeit; Schatten.* Tüchtige Schwimmer sollten zu den malerischen Buchten underhalb des Puig d'en Vic hinüberschwimmen; sie liegen südlich an der Küste.

4a BLICK AUF DALT VILA (Karte Seite 46-47)

Dem Beginn von Wanderung 4 (Seite 44) **17 Minuten** folgen, um *im Schatten eines Oliven- oder Mandelbaumes* rechts vom Lehmweg zu picknicken.

Naturbogen an der Punta sa Torre (Picknick 9a)

4b CAPITA-TAL (Karte seite 46-47)

Man folgt Wanderung 4 (Seite 44) **40 Minuten**, um in ruhigen Tal des Capità zu picknicken. *Schattenspendende Bäume.*

5a TORRE DE SA SAL ROSSA (Karte Seite 52)

oder (Autotour 1) zur Platja d'en Bossa. Ab hier Wanderung 5 (Seite 50) **9 Minuten** folgen, zum alten Piratenturm. *Schattenspendende Pinien, gute Bademöglichkeit.*

5b FELSENKÜSTENLANDSCHAFT (Karte Seite 52, Foto Seite 50)

oder zur Platja d'en Bossa. Man folgt Wanderung 5 (Seite 50) **38 Minuten** — zu einer einsamen Felsküstenlandschaft mit *Bademöglichkeit. Schattenspendende Pinien.*

5c PLATJA DE MIGJORN (Karte Seite 52)

oder (Autotour 1) zur Platja de Migjorn (auch »Playa Salinas« genannt). Man wandert nur **wenigen Minuten** diesem langen, *mit Kiefern begrenzten Sandstrand* entlang.

5d SA CANAL (Karte Seite 52)

oder (Autotour 1) zum Restaurant Can Masia an der Platja de Migjorn (auch »Playa Salinas« genannt; hier hält auch der Bus). Ab hier geht man an den alten Salzverladeanlagen und einigen Bootsschuppen vorbei — das Meer zur Linken, den Hang zur Rechten. Nach **15 Minuten** Fußweg *mehrere schöne Picknickplätze unter den Pinien; gute Bademöglichkeit.*

6 ES-VEDRA-BLICK (Karte Seite 53, Fotos Seite 54, Umschlag)

(Autotour 1) zum Anwesen Ca na Luca. Man folgt Wanderung 6 (Seite 53) **8 Minuten**. *Latschenkiefern spenden Schatten; herrlicher Blick auf den Felsen Es Vedrà.*

7 SA TALAIASSA (Karte Seite 56-57)

oder (Autotour 1) nach San José. Ab hier Wanderung 7 (Seite 55) **49 Minuten** folgen, bis zum ersten Gipfel auf dem 452m hohen Talaiassa-Kamm. Herrliche Aussicht. *Schatten in der Nähe.*

9a PUNTA SA TORRE (Karte Seite 64-65, Fotos Seite 9, 62)

oder (Autotour 3) nach Portinatx. Man folgt Wanderung 9 (Seite 62) **35 Minuten** — bis zu den großen Felsblöcken. Schöne Aussicht, *Bademöglichkeit. Schatten in der Nähe.*

9b CALA XARRACA (Karte Seite 64-65)

oder (Autotour 3) zur Cala Xarraca. Beim Restaurant parken. Von der Bushaltestelle geht man zum Strand hinunter. Wanderung 9 ab der 2Std17Min-Stelle (Seite 65) **10 Minuten** folgen, zu den bunt bemalten Felsen. *Gute Bademöglichkeit; Schatten in der Nähe.*

10 CALA DES MULTONS (Karte Seite 68, Foto Seite 66-67)

oder (Autotour 3) zur Cala de Sant Miquel. Wanderung 10 (Seite 67) **5 Minuten** folgen zu der kleinen Bucht. *Bademöglichkeit, Schatten.* In der Hauptsaison hat auch der Kiosk geöffnet.

12 KÜSTE VOR DER ILLA CONILLERA (Karte Seite 73)

oder (Abstecher auf Autotour 1) zur Cala Bassa. Wanderung 12 (Seite 72) **20 Minuten** folgen bis zum Aussichtsplattform mit Blick auf Sa Conillera. *Schattenspendende Pinien; gute Bademöglichkeit.*

13 KÜSTE NÖRDLICH DER CALA GRACIO (Karte Seite 76)

oder (Abstecher auf Autotour 1) zur Cala Gració. Wanderung 13 (Seite 75) etwa **50 Minuten** folgen. Zahlreiche Plätze zwischen den Küstenfelsen. *Gute Bademöglichkeit; kein Schatten.*

14 PENYA ESBARRADA (Karte Seite 79)

(Autotour 3) nach Santa Inés. Kurzwanderung 14 (Seite 78) **35 Minuten** folgen, bis zum Plateau mit Blick auf das Cap Negret und die Insel Ses Margalides. *Reichlich Schatten.*

15 RIU DE SANTA EULALIA (Karte Seite 82, Foto Seite 83)

, oder (Autotour 2) nach Santa Eulalia. Wanderung 15 (Seite 80) **9 Minuten** folgen. Nach der Flußüberquerung auf der Holzbrücke können Sie im *Schatten von Pinien* an der Flußmündung picknicken.

16 PUNTA DE S'AGUAIT (Karte Seite 82)

, oder (Autotour 2) nach Santa Eulalia. Wanderung 16 (Seite 83) **30 Minuten** folgen. Bevor der Küstenpfad auf den breiten Schotterweg mündet, zweigt man von ihm nach links immer wieder Stichpfade zu den Klippenfelsen hoch über dem Meer ab. *Schatten der Pinien.*

Es Trucadors (Picknick 3a auf Formentera)

Vom Puig Sa Talaia hat man schöne Ausblicke über das Kap Martinet (Wanderung 2, Picknick 2).

17 BLICK AUF IBIZA-STADT UND DAS MEER (Karte Seite 86-87)

🚌, 🚢 oder 🚗 (Autotour 2) nach Santa Eulalia. Wanderung 17 (Seite 85) **11 Minuten** folgen, bis zu der kleinen Anhöhe mit der herrlichen Aussicht. *Schatten.*

18 RÖMISCHE BRÜCKE (Karte Seite 86-87, Foto Seite 90)

🚌, 🚢 oder 🚗 (Autotour 2) nach Santa Eulalia. Wanderung 18 (Seite 90) **15 Minuten** folgen. Dort wurde ein Promenadenweg mit Parkbänken erbaut. Auf einer solchen Bank vor der uralten Brücke und den Oleanderbüschen läßt sich herrlich picknicken. *Schatten.*

23 ES CALO ROIG (Karte Seite 98-99)

🚗 (Abstecher von San Carlos auf Autotour 2) zur Cala Mastella. Wanderung 23 (Seite 105) **20 Minuten** folgen. Am Klippenrand gibt es großartige Ausblicke. *Schatten.*

Autotouren

Die Insel ist klein. Ihre Länge beträgt etwa 40km und ihre Breite etwa 25km. Mit dem Wagen brauchen Sie kaum mehr als eine Stunde von einem Punkt der Insel zu einem anderen. Auch mit dem Linienbus erreichen Sie fast jeden Ort.

Die Beschreibungen der Autotouren sind knapp gehalten. Sie enthalten nur wenige historische Einzelheiten und andere Informationen, die Sie aus Broschüren des Fremdenverkehrsamtes und allgemeinen Reiseführern entnehmen können. Aus demselben Grunde habe ich die Sehenswürdigkeiten der größeren Ortschaften nicht beschrieben. Ich habe mich auf die Fahrt konzentriert: Entfernungen, Straßenzustand und Hinweise auf Sehenswertes, das leicht übersehen wird. Die Straßen werden als Zubringer zu den Ausgangspunkten von **Picknickausflügen** und **Wanderungen** betrachtet.

Die drei Touren haben Ibiza-Stadt als Ausgangs- und Endpunkt. Auf den drei Rundtouren mit ihren Abstechern lernen Sie die verschiedenen Landschaftsformen der Insel recht gut kennen.

Die große farbige Autokarte sollten Sie beim Lesen der Autotouren ausklappen. Sie enthält alle Informationen, die Sie außerhalb der Hauptstadt brauchen. Auf den Seiten 29-31 finden Sie Stadtpläne von San Antonio und Ibiza-Stadt. Alle Entfernungen sind *vom Ausgangspunkt* gerechnet. Die in der Beschreibung vorkommenden **Zeichen** sind auf der Autokarte erklärt.

Fahren Sie langsam und vorsichtig! Zur Hochsaison herrscht reger Verkehr. Wegen der geringen Entfernungen ist die Zeitersparnis durch schnelles Fahren gering. **Tankstellen** gibt es in den Städten und an den Landstraßen in ausreichender Anzahl. Einen **Mietwagen** können Sie an einer der zahlreichen Autovermietungen erhalten. Sie können ihn auch zusammen mit Ihrer Reise buchen. Prüfen Sie den Mietwagen, ehe Sie losfahren, und informieren Sie sich genau über die Vertragsbedingungen und den Versicherungsschutz! Notieren Sie auch die Telefonnummern der Leihfirma (Während der Geschäftszeiten und auch außerhalb derselben)!

Punta Grossa (Autotour 2, nahe Wanderung 22)

1 DER GEBIRGIGE WESTEN

Ibiza-Stadt • Figueretas • San José • San Augustín • San Antonio • San Rafael • Ibiza-Stadt

95km (mit den beschriebenen Abstechern); Ausfahrt A in Ibiza-Stadt (vgl. Stadtplan Seite 30)

Am Weg: Picknick (vgl. Seite 8-12) 5a-7, 12, 13; Wanderungen 5-7, 11-13

Sie fahren durchgehend auf Asphaltstraßen.

Sie verlassen Ibiza-Stadt in westlicher Richtung auf der Avenida de España, fahren nördlich des Wohn- und Ferienkomplexes **Figueretas** (1km ⛺▲✕⛽) vorbei und gelangen an den Abzweig zum Flughafen und nach Ses Salines. Hier biegen Sie nach links auf der PM802 ab. Die Abzweigung zur Playa d'en Bossa (1km nach links; ⛺▲✕; Picknick 5a, 5b) lassen Sie unbeachtet. An dem Abzweig zum

Flughafen liegt die kleine Ortschaft **San Jorge** (San Jordi; 4km ✝) mit ihrer sehenswerten kleinen Kirche. Nach Durchfahren flaches Garten- und Weideland, nach 9km gelangen Sie zu den Gebäuden der Salzgewinnungsanlagen★ von **Sa Canal**. Diese Salzgewinnungsanlagen sind noch in Betrieb. Schon die Karthager, Römer und Araber gewannen hier das Salz aus dem Meer. Von den Salzgewinnungsanlagen erstreckt sich nach Südosten der schönste Strand der Insel, die Platja de Migjorn (auch »Playa Salinas« genannt, Picknick 5c, 5d).

Sie fahren in Richtung Ibiza-Stadt zurück und biegen in San Jorge in Richtung Flughafen ab. Sie fahren am Flughafen vorbei zum steinigen Strand von **Es Codolar** (19km). Er liegt direkt in der Einflugschneise. Von Es Codolar fahren Sie ein kleines Stück nach Westen zum alten Fischerhafen **Sa Caleta** (20km). Bei einer Steilklippe aus rotem Sandstein finden Sie

Links: Die weiß gekalkten Brunnen sind markante Punkte in der Landschaft (dieser liegt am Weg von Wanderung 22).

Rechts, oben: Die herrliche Pfarrkirche von San Miguel (Autotour 3). Mitte: In der Nähe von San Carlos sieht man noch die Reste alter Bleiminen (Autotour 2). Unten: Der historische Festungsturm von Balàfia bot einst Schutz von Piratenangriffen (Autotour 2). Man findet weitere solchen alten Wehrtürme auf der Insel — und auch viele nachgebauten Wehrtürme in privaten Gärten.

Oben, links: Die kleine Pfarrkirche von San Augustín stammt aus dem 18. Jahrhundert (Autotour 1); rechts: Agaven wachsen reichlich auf beiden Inseln. Unten: Am Fuße der Fita des Jondal liegen die geschützten Buchten Sa Caleta und Cala Jondal (Autotour 1).

eine kleine Badebucht. Wenn Sie ein Stück Schotterweg nicht scheuen, können Sie noch einen Abstecher zur weißen Sandstrand **Cala Jondal** (21km; Foto gegenüber, unten) machen. Ein kleines Restaurant liegt schön zwischen alten Zedern.

Weiter geht es nach Norden zur PM803; das Gartenland geht in Pinien- und Kiefernwald über. Die größten Tropfsteinhöhle der Insel — **Cova Santa★** — sollten Sie unbedingt einen Besuch abstatten. Auf der Hauptstraße geht es dann nach **San José★** (31km ✝✕⛽) hinauf. Südwestlich von San José liegt der Berg Sa Talaiassa, er ist mit seinen 475 Metern der höchste Berg der Insel (Wanderung 7 und Picknick 7).

Von San José fahren Sie durch ein landschaftlich sehr reizvolles Gebiet mit Olivenbäumen, Weinanbau und einigen Feldern auf kurvenreicher Straße an die Südküste. Bevor Sie Es Cubells erreichen, sollten Sie nach links abbiegen, um dem in die Felsen gebauten Villenort **Vista Allegre** (38km 📷) einen Besuch abstatten. Von der Höhe haben Sie herrliche Aussichten über das Meer. Von dem schön gelegenen **Es Cubells** (42km ✝✕📷) genießen Sie einen Blick bis Formentera. In dem früheren Priesterseminar befindet sich heute eine Schule. Von Es Cubells fahren Sie die Panoramastraße (📷) nach südwesten zum **Cap Llentrisca** (45km). Von dieser Straße haben Sie herrliche Blicke über die Küstenlandschaft.

Über Es Cubells (48km) fahren Sie dann noch ein Stück in Richtung San José, biegen dann aber nach links zur Cala d'Hort ab. Nach 4,5km kommen Sie zur Linksabzweigung, die zur »Torre des Savinar« beschildert ist (Parkmöglichkeit für Wanderung 6 und Picknick 6). Von der **Cala d'Hort** (54km 📷) genießen Sie den schönen Blick auf den Felsen Es Vedrà, der auf dem Umschlag abgebildet ist. Es geht ein kleines Stück zurück bis zum asphaltierten Linksabzweig zur **Cala Vedella** (59km ✕). Von der Cala Vedella fahren Sie die kurvenreiche Küstenstraße über die **Cala Molí** (65km) zur **Cala Tarida** (68km), wo Wanderung 7 endet. Anschließend geht es durch den Wald hinauf zur PM803. Biegen Sie nach rechts und sogleich nach links, nach **San Augustín** (75km ✝) hinauf. Die Wehrkirche und die danebengelegene Bar Berri lohnen einen Besuch.

Es geht zur PM803 zurück; nach rechts abbiegen. Von Süden gelangen Sie schließlich in das lebhafte **San Antonio★** (80km ✝▲▲ΔΔ✕⛽⊕; Wanderung 11, 12, 13; Picknick 12, 13). Außer seiner Kirche besitzt dieser große Touristenort keinerlei Sehenswürdigkeiten. Sie können daher also auch direkt auf der C731 in Richtung Ibiza-Stadt (95km) weiterfahren. Durch eine liebliche Landschaft mit Oliven- und Mandelbäumen führt Sie diese 15km lange Schnellstraße fast ohne Kurven schnell zur Hauptstadt zurück. In **San Rafael** (88km ✝📷✕) sollten Sie vielleicht kurz halten, um von der Kirche nach Südosten über die Bucht von Ibiza zu blicken. Nach 95km sind Sie wieder in **Ibiza-Stadt**.

2 DIE BADEBUCHTEN DER OSTKÜSTE

Ibiza-Stadt • Roca Llisa • Cala Llonga • Santa Eulalia • Cala Pada • Es Canar • San Carlos • Cala San Vicente • San Juan • San Lorenzo • Ibiza-Stadt

80km mit Abstecher; Ausfahrt C in Ibiza-Stadt (Stadtplan Seite 30)

Am Weg: Picknick (vgl. Seiten 8-12) 3d, 15-18; Wanderungen 2, 3, 8, 15-23. (Picknick 23 kann man mit einem Abstecher von San Carlos aus erreichen.)

Sie fahren ausschließlich auf Asphaltstraßen. Auf der Straße an der Steilküste von San Carlos nach Cala San Vicente sollten Sie langsam und vorsichtig fahren.

Sie verlassen Ibiza-Stadt auf der C731. Bei dem großen Verkehrskreisel am Ausgang der Stadt biegen Sie nach rechts in östlicher Richtung ab (C733). Nach 2km biegen Sie von der C733 nach rechts in Richtung Jesús ab. In **Jesús** (4km ✝) sollten Sie die aus dem 15. Jahrhundert stammende Kirche Nuestra Señora de Jesús besichtigen. Nach dem Ortsausgang durchfahren Sie eine landwirtschaftliche genutzte Ebene, die im Südosten durch die Serra de Balanza mit dem Guixar (230m; Wanderung 2) begrenzt wird.

Aus der Ebene geht es zum Paß Coll de Sa Vila (☉). Von hier oben haben Sie einen schönen Blick auf die fjordähnliche Bucht Cala Llonga. Von der Paßhöhe geht es hinab zum Golfclub **Roca Llisa** (10km; Wanderung 3) und von dort im Tal des Canal de sa Gavada zum Ferienort **Cala Llonga★** (13km ▲▲✕; Wanderung 3, 15; Picknick 3d). Von dem Abstecher zur Bucht mit ihrem schönen Sandstrand fahren Sie zur Hauptstraße zurück. Es geht dann leicht bergab um den Puig d'es Purredó in Richtung Santa Eulalia.

Ackerflächen und Pinienwald wechseln sich ab ehe Sie **Santa Eulalia★** (18km Π✝☉▲▲✕⊕; Wanderungen 15-19; Picknick 15-18) erreichen. Die Besichtigung der römischen Brücke und der Kirche mit der Altstadt auf dem Puig de Missa sollten Sie sich vielleicht für Wanderung 18 aufsparen. Genießen Sie vorläufig den herrlichen Eindruck dieser beiden sehr alten Bauwerke (Fotos Seite 90-93).

Auf der Weiterfahrt nach San Carlos sollten Sie den kleinen Umweg über die beliebten Badebuchten **Cala Pada** (✕; Wanderung 17) und **Es Canar** (▲✕; Wanderung 17, 20) fahren, auch wenn Sie diese Strände später noch auf der Wanderung über den Küstenpfad kennenlernen. Zwischen lichten Pinienwäldern liegen Anbauflächen, auf denen Mais, Gemüse, Oliven- und Johannisbrotbäume angebaut werden. Durch fruchtbares Gartenland fahren Sie zur Küste hinab.

Sie verlassen Es Canar in nordwestlicher Richtung und fahren durch eine bewaldete Hügellandschaft nach San Carlos. Rechts von der Straße sehen Sie noch die Reste der alten Bleibergwerke, die auf Seite 15 abgebildet sind. Der kleine Ort **San Carlos★** (27km ✝✕; Wanderung 20-22) ist noch recht ursprünglich. Die Kirche (Zeichnung Seite 7) ist sehr sehenswert, und das gemütliche Restaurant »Anita« ist immer noch ein Treffpunkt von Aussteigern aus aller Welt.

Von San Carlos geht es zum Strand von **Es Figueral** (31km ✕) hinunter. Die fruchtbare rotbraune Erde wird intensiv zum Anbau vieler Feld- und Gartenfrüchte genutzt. In den Klippenfelsen finden Sie manche schöne kleine Sandbucht. Auffällig ist die fotogene senkrechte Felssäule Es Paller d'es Camp.

Von Es Figueral fahren Sie auf der Küstenstraße nach Cala San Vicente. Es geht zunächst durch Gartenland mit Johannisbrot- und Olivenbäumen. Dann führt die hoch über der Küste verlaufende Straße durch Pinienwald, bis sie schließlich in Kehren zur Bucht **Cala San Vicente★** (35km ✝⌂⌂✕; Wanderung 22) hinabführt. Allzu viele Hotels hat man leider in diese sonst so hübsche kleine Bucht hineingebaut. Bevor Sie nach Westen weiterfahren, sollten Sie unbedingt noch die steile Straße zur **Punta Grossa** hinauffahren. Aus 172m Höhe genießen Sie einzigartige Ausblicke (📷; Foto Seite 12-13). Sie verlassen Cala San Vicente in westlicher Richtung. Das Tal des Torrent de sa Cala wird von unzähligen Oleanderbüschen gesäumt. Der Pinienwald wird gelegentlich durch Terrassengärten unterbrochen. Im Dorf **San Vicente** (45km ✝) zweigen Sie nach rechts durch Pinienwald zur Bucht **Ses Caletes** ab. Die Bucht liegt geschützt, sie besitzt einen kleinen Strand und einige Bootsschuppen.

In vielen Kehren führt die PM811 nach **San Juan Bautista★** (57km ✝✕), einem kleinen fast 200m hoch gelegenen Dorf. Der hübschen Kirche aus dem 18. Jahrhundert sollten Sie einen Besuch abstatten. Hier beginnt Wanderung 8; Foto Seite 60. Kurz hinter San Juan mündet die PM811 in die PM733 ein, der Sie nach links folgen. Im weiten, fruchtbaren Tal des Pout d'en Covetes fahren Sie jetzt wieder nach Süden. Hinter dem alten Wehrturm bei Balàfia (Foto Seite 15), biegen Sie nach rechts in **San Lorenzo** ab (64km ✝✕). Versäumen Sie nicht, die Kirche mit dem Glockengiebel zu besichtigen.

Sie kehren anschließend zur PM733 zurück und folgen ihr nach Süden. Feigen- und Johannisbrotbäume bestimmen jetzt das Landschaftsbild. Hier und da wächst ein Hibiskusstrauch oder eine Agave. Die Landschaft wird flacher. Links und rechts liegen ein paar schöne alte Fincas mit Feigenbäumen und Schafen darunter. Dazwischen leuchtet die rotbraune Erde Ibizas. Schon bald erscheinen dann die häßlichen Öltanks und Wohnsilos. Beim Kreisverkehr biegen Sie nach links ab und sind wieder in **Ibiza-Stadt** (80km).

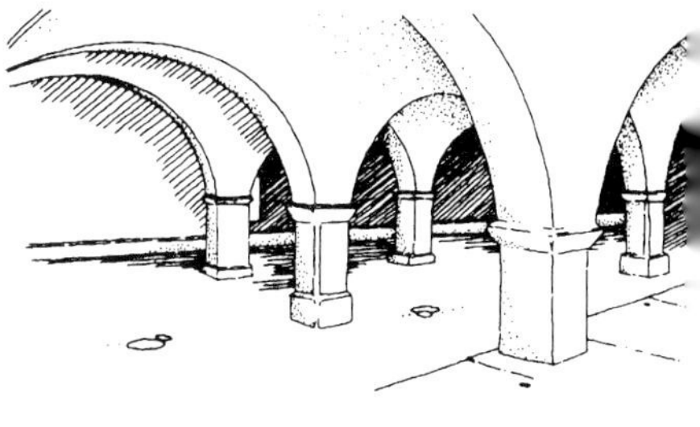

Die Rundbögen der Säulenhalle verraten deutlich den arabischen Ursprung der Kirche auf dem Puig de Missa in Santa Eulalia.

3 DAS LÄNDLICHE IBIZA

Ibiza-Stadt • Santa Gertrudis • Portinatx • Cala d'en Serra • Port de Sant Miquel • San Miguel • Isla Blanca • San Mateo • Santa Inés • San Rafael • Ibiza-Stadt

106km mit Abstechern; Ausfahrt C in Ibiza-Stadt (siehe Stadtplan auf Seite 30)

Am Weg: Picknick (vgl. Seiten 8-12) 9a, 9b, 10, 14; Wanderung 9, 10, 14

Die Straßen dieser Tour sind ebenfalls sämtlich asphaltiert; sie sind zum Teil jedoch recht schmal, und Sie sollten langsam fahren.

Beim Kreisverkehr im Norden von Ibiza-Stadt (Ausfahrt C) biegen Sie rechts ab und verlassen die Stadt auf der PM733 in nordöstlicher Richtung. Die Fahrt verläuft zunächst durch die nicht sehr schönen Randbezirke von Ibiza-Stadt. Die industriellen Vororte hören aber schnell auf, und es beginnen die Gärten mit Zitronen-, Oliven-, Johannisbrot- und Feigenbäumen. Auch Anpflanzungen von Aprikosen sehen Sie gelegentlich. Die Landschaft ist zunächst noch eben, die Berge liegen in der Ferne. Schafe und Ziegen werden von den Bewohnern der kleinen Fincas gehalten. Später werden die Gärten hier und da von Pinien unterbrochen.

Nach 5,5km biegen Sie bei dem Anwesen Ca'n Clavos nach links in Richtung Santa Gertrudis/San Miguel ab. Der kleine Ort **Santa Gertrudis** (11km ✝✕) liegt etwa im Zentrum der Insel. Die sehenswerte weiße Kirche wird von ihrem Glockengiebel überragt. Sie verlassen Santa Gertrudis in nordöstlicher Richtung, passieren San Lorenzo und folgen der Hauptstraße bis zu ihrem Ende in **Portinatx★** (37km ▲▲✕), wo Wanderung 8 endet und Wanderung 9 und Picknick 9a beginnen.

Auf der Rückfahrt von Portinatx sollten Sie den Abstecher zur Bucht **Cala d'en Serra** (📷; Wanderung 8) machen, um den Blick in diese tiefe Bucht hinab zu genießen. Fahren Sie

Olivenbäume sehen Sie überall auf Ihren Touren.

Die Schoten der Johannisbrotbäume dienen als Viehfutter.

wieder zur Hauptstraße zurück, und statten Sie den Buchten **Cala Xuclà** und **Cala Xarraca** (Picknick 9b) einen kurzen Besuch ab. Beide Buchten liegen am Weg von Wanderung 9.

Zweigen sie dann kurz hinter der Einmündung der Straße von San Juan nach rechts in Richtung San Miguel ab! Diese Straße verlassen Sie nach 2,5km und biegen auf einer Asphaltstraße zur **Cala Benniràs** nach rechts ab. Auf einem alten Straßenstück geht es dann etwas mühsam nach **Port de Sant Miquel** (). Wenn sie Wanderung 10 oder Picknick 10 unternehmen, stellen Sie das Auto im Dorf ab.

Auf der Weiterfahrt nach Süden machen Sie einen Abstecher zur Halbinsel **Na Xamena** (61km). Fahren Sie in Richtung Punta de sa Creu bis zum Hubschrauberlandeplatz. Auf einem weiter südlich gelegenen Fahrweg geht es dann durch Wald und Gartenland zur Hauptstraße zurück.

In **San Miguel★** (67km) verschanzte sich die Bevölkerung in früheren Jahrhunderten in der auf Seite 15 abgebildete Wehrkirche vor Piratenüberfällen. Hier nehmen Sie den Abzweig nach Portitxol. Er führt Sie zu der Siedlung **Isla Blanca** (73km) mit einzigartigen Ausblicken über die Nordküste der Insel. Wenn Sie nach Überwindung der Bergkette die Straße nach San Mateo wieder erreicht haben, folgen Sie ihr nach rechts in den kleinen Ort **San Mateo** (84km) hinein. Auf einem Hügel liegt die kleine Kirche, malerisch eingebettet in die bezaubernde Landschaft.

Weiter geht es auf einer schmalen Asphaltstraße in den ebenso kleinen Ort **Santa Inés** (88km). Neben der Kirche steht ein kleines Gasthaus. Wanderung 14 beginnt und endet hier; die Kurzwanderung führt zu einem Aussichtsplattform und Picknick 14.

Durch Wald und Feld geht es dann nach **San Rafael** (99km), von wo aus Sie folgen die Schnellstraße PM731 nach **Ibiza-Stadt** (106km) zurück.

In den Gärten um San Carlos werden überwiegend Mandeln angebaut.

Die Feigen reifen im Frühsommer.

Wandern

Die meisten der beschriebenen Wanderungen verlaufen in Küstennähe. Dort weht stets eine kühle Brise vom Meer, daher können Sie die Wanderungen auch im Hochsommer durchführen.

Man braucht kein besonders erfahrener Wanderer zu sein, um Ibiza zu Fuß zu erobern. Nur auf einer Wanderung (Nr 14) ist Trittsicherheit erforderlich. Etwas unbequem sind lediglich einige Abschnitte, auf denen die Pfade durch Sträucher etwas zugewachsen sind. Diese Touren sollten Anfänger zunächst meiden! Auf den Seiten 8-12 werden **Anfänger** eine große Wahl sehr kurzer Wanderungen finden, die zu den Picknickplätzen führen.

Unten und Seite 24: Auf den Wanderungen und Radtouren treffen Sie auf bauliche Einrichtungen, die etwas näher erläutert werden sollten.

Links: An schönen alten Dreschplätzen führen Sie einige Wanderungen vorbei.

Unten: Kalköfen (»hornos de calç«) finden Sie häufig noch in Waldgebieten. In ihnen stellte man den Kalk her, mit dem die Häuser schon früher angestrichen wurden. Man benötigte viel Hitze, und gewaltige Holzmengen wurden verbrannt. Die Öfen waren etwa zwei Wochen lang durchgehend (Tag und Nacht) in Betrieb.

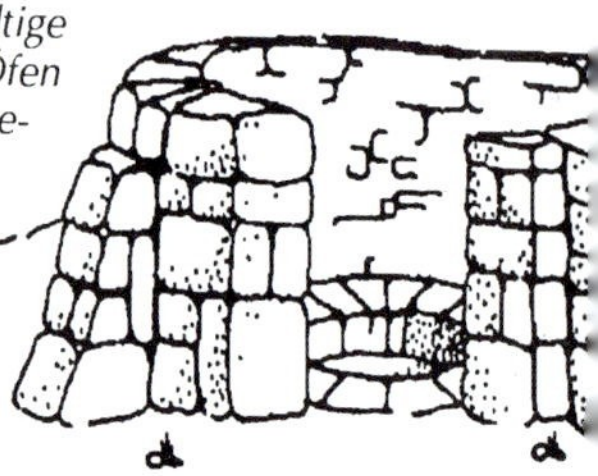

Links sehen Sie eine »font« oder »fuente«, eine gefaßte Quelle, an der man kühles kristallklares Wasser bekommt.

Wegmarkierungen und Karten

Nur wenige der beschriebenen Wanderungen folgen **markierten Wegen**. Daher ist die genaue Beschreibung des Wegverlaufs unbedingt notwendig.

Die Kartenskizzen in diesem Führer sind für die Durchführung der beschriebenen Wanderungen ausreichend. Falls Sie jedoch einmal von der Wanderroute abweichen möchten, würde ich Ihnen das spanische Kartenwerk *Mapa Topográfico Nacional de España* empfehlen. Es ist in 10 Blättern 1:25 000 erschienen. Die Karten erhalten Sie im Reisefachbuchhandel oder beim

Internationalen Landkartenhaus
Postfach 800830
70508, Stuttgart

Falls Sie eine besonders schöne Route entdecken, würde ich mich freuen, wenn Sie sie mir mitteilten. Wir könnten sie dann in der nächsten Auflage dieses Landschaftsführers aufnehmen. Bitte senden Sie Anregungen auf Deutsch oder Englisch an den Verlag.

Rechts: »Talaias« (»talayas, atalayas«) sind alte Wacht- und Wehrtürme, die im 16. Jahrhundert erbaut wurden zum Schutz gegen Übergriffe von Piraten und Angriffe türkischer Flotten. Sie werden auf deutsch als Piraten- oder Sarazentürme bezeichnet. Sie finden diese Türme an allen exponierten Küstenvorsprüngen von Ibiza und Formentera. Die feindlichen Schiffe waren von diesen Türmen schon von weitem sichtbar. Da die Türme in Sichtweite voneinander stehen, konnte so die Warnung vor einem Angreifer weitergegeben werden. Dann konnte sich die Bevölkerung in einem Wehrturm (siehe Fotos Seite 15, 94) verschanzen.

Links: Der Zugang zur »fuente« ist gelegentlich durch eine Tür versperrt.

Ausrüstung

Für alle Touren genügt eine leichte Wanderausrüstung. Für die Küstenpfade sind feste Turnschuhe mit Profilsohle oft ausreichend. Besser sind allerdings knöchelhohe leichte Wanderstiefel; denn ein verstauchter oder gar gebrochener Knöchel ist sehr schmerzhaft und bedeutet das Ende des Wanderurlaubs.

Ein langärmeliges Hemd (bzw. eine langärmelige Bluse) sollten Sie auf den ersten Wanderungen zumindest tragen, damit Sie Ihre Arme nicht verbrennen. Bei intensiver Sonnenstrahlung sollten Sie auch eine leichte Kopfbedeckung tragen.

Was für die Arme gilt, ist erst recht für die Beine wichtig. In Shorts sollten Sie nur wandern, wenn Ihre Beine bereits hinreichend gebräunt sind. Und wo die Pfade teilweise zugewachsen sind, ist eine lange Hose unerläßlich.

Eine Wasserflasche (1 Liter) darf im Tagesrucksack nicht fehlen. Sonnenschutzcreme und Mückenmittel sowie Heftpflaster sollten auch mitgeführt werden.

Ein Kompaß hilft zur Neuorientierung, falls Sie sich verlaufen haben sollten. Wenn Sie von der Dunkelheit überrascht werden, ist eine Taschenlampe wichtig.

Leichte Regenbekleidung benötigen Sie nur außerhalb der Sommermonate. Dann sind auch Anorak und Pullover nötig.

Badesachen und eine Sonnenbrille sollten Sie auf den Küstenwanderungen dabeihaben.

Proviant benötigen Sie nur auf den längeren Wanderungen.

Links: Köhlerstätten (»sitjas«) sind kreisförmige Erdhügel, die mit Steinen bedeckt sind. Dies sind heute die Überreste der früheren Vorrichtungen für die Holzkohlenherstellung. Auch hier brannten die Feuer rund um die Uhr. Der Köhler wohnte meist mit seiner Familie in einer Hütte neben der Sitja. Das ursprüngliche Ibiza lernen Sie auf vielen Wanderungen recht gut kennen. Links sehen Sie eine »cisterna«, und rechts unten, einen »horno de pan«. Das Brot wurde früher in einem Ofen gebacken, der außerhalb des Hauses stand.

Unterkunft

Für einen Wanderurlaub auf Ibiza ist es am günstigsten, wenn Sie in **Ibiza-Stadt** untergebracht sind, weil dort morgens die Busse in alle Richtungen abfahren.

Santa Eulalia und **San Antonio** sind ebenfalls geeignet. Aber auch andere Ferienzentren sind möglich, sofern von ihnen morgens ein Bus abfährt. Ansonsten können Sie sich auch einen Wagen mieten, der Ihnen sehr viel Bewegungsfreiheit verschafft. Auch die Küstenboote sind als Verkehrsmittel für die Anfahrt bzw. Rückreise zu bzw. von einer Wanderung geeignet — siehe Seite 123.

Klima und Wetter

Das Klima auf Ibiza (und auf Formentera) eignet sich fast das ganze Jahr über zum Wandern — lediglich die Monate November, Dezember und Januar können recht regenreich sein. Auch im Winter sinkt die Temperatur nie unter den Gefrierpunkt. Und auch im August steigt das Thermometer nur sehr selten über 30 Grad C.

Wenn Ihnen die heftigen Winde im Oktober und Februar nichts ausmachen, können Sie von Anfang Februar bis Ende Oktober auf beiden Inseln herrlich wandern, wobei Sie in den Monaten Juli und August vorwiegend die Küstenpfade begehen sollten.

Mit Sonnenschein können Sie etwa an 300 Tagen im Jahr rechnen. Baden können Sie von Mai bis November.

Hunde und Insekten

Bei Ihren Wanderungen durch die Landschaft kommen Sie häufig an Gehöften (Fincas) vorbei, die von **Hunden** bewacht werden. Die Tiere sind meist angekettet. Sprechen Sie die Tiere an, wenn Sie angebellt werden. Sollte ein nicht angeketteter Hund auf Sie in aggressiver Weise zukommen, so nehmen Sie mit Hilfe eines Stocks oder Steins eine Drohgebärde ein. Reizen Sie jedoch nie ein friedlich erscheinendes Tier durch Drohung mit einem Stock oder Stein. Einen scharfen Hund, der nicht angekettet ist, habe ich auf meinen Wanderungen nicht getroffen. Dennoch könnte sich die Anschaffung eines Ultraschall-Hundeabwehrgerätes empfehlen. Nähere Informationen von Dazer UK, 51 Alfriston Road, GB-London SW11 6NR. Ein **Insektenmittel** sollten Sie stets in Ihrer kleinen Reiseapotheke mit sich führen und im Bedarfsfall benutzen. Schlangen und Skorpione gibt es auf Ibiza und Formentera *nicht*.

Spanisch für Wanderer

Auf Ibiza und Formentera spricht man Spanisch und den Dialekt Ibicenco. Es ist recht nützlich, als Wanderer ein paar Grußformeln auf spanisch zu beherrschen. Ibicenco brauchen Sie nicht zu können. Alle Einwohner auf beiden Inseln sprechen Spanisch. Ein kleiner Sprachführer (z.B. der von Polyglott) ist empfehlenswert. Mit Deutsch, Englisch und Französisch kommen Sie aber auch sehr gut zurecht.

Ich gebe Ihnen einen Tip, wie Sie auf Spanisch Richtungen erfragen und auch die Antworten verstehen können. Lernen Sie zunächst die nachfolgenden Schlüsselfragen auswendig! *Lassen Sie dann Ihrer Schlüsselfrage eine zweite Frage folgen,* die mit *sí* (ja) oder *no* (nein) beantwortet wird. Stellen Sie *nie* eine Frage, wie zum Beispiel »Wo befindet sich die Hauptstraße?«. Stellen Sie die Frage, und schlagen Sie auch gleich eine Antwort vor. Zum Beispiel: »Guten Tag, mein Herr. Bitte — wo befindet sich der Pfad zur Cala Llonga? Geradeaus?« Jetzt, solange Sie kein »sí« erhalten, versuchen Sie: »Geht es nach links?«. Gehen Sie durch die ganze Liste möglicher Antworten, bis Sie ein »sí« (möglicherweise mit starkem Kopfnicken verbunden) erhalten. Es folgen drei Situationen, bei denen Sie am wahrscheinlichsten Ihr Spanisch brauchen. Die Punke (...) zeigen an, wo Sie den Ortsnamen/Ziel einsetzen müssen.

Wie man nach dem Weg fragt

Kernfragen

Deutsch	*Spanisch*	*Aussprache*
Guten Tag,	Buenos días,	Buä-nos **di**-as,
Herr (Frau, Fräulein).	señor (señora, (señorita).	sän-**jor** (sän-**jo**-ra, (sän-jo-**ri**-ta).
Bitte —	Por favor —	Por fa-**wor** —
Wo befindet sich	Dónde está	**Don**-dä äs-**ta**
die Straße nach ...?	la carretera a ...?	la kar-**rä**-tä-ra a ...?
der Fußpfad zum ...?	la senda de ...?	la **sän**-da dä ...?
der Weg nach ...?	el camino a ...?	äl ka-**mi**-no a ...?
die Bushaltestelle?	la parada?	la pa-**ra**-da?
Vielen Dank.	Muchas gracias.	**Mu**-tschas **gra**-ßjas.

Mögliche Antworten

Deutsch	*Spanisch*	*Aussprache*
Ist es hier?	Está aquí?	Äs-**ta** a-**ki**?
dort	allá?	al-**ja**?
geradeaus?	todo recto?	**to**-do **räk**-to?
dahinter?	detrás?	dä-**tras**?
rechts?	a la derecha?	a la dä-**rä**-tscha?
links	a la izquierda?	a la iß-**kjär**-da?
oberhalb?	arriba?	a-**ri**-ba?
unterhalb?	abajo?	a-**ba**-cho?

Fragen an den Taxifahrer, der Sie irgendwo hinbringen und später abholen soll

Deutsch	*Spanisch*	*Aussprache*
Bitte —	Por favor —	Por fa-**wor** —
fahren Sie uns nach/zum ...	Llévanos a ...	**Ljä**-wa-nos ah ...
Holen Sie uns in um ... Uhr ab.*	Venga buscarnos a ... a ... .*	**Wän**-ga bus-**kar**-nos a (Ort) a (Uhr).*

**Zeigen Sie einfach auf Ihrer Armbanduhr die Zeit.*

Wenn man einen Landbesitzer trifft, der einem den Zugang verwehrt

Deutsch	*Spanisch*	*Aussprache*
Wir gehen nach ...	Nos vamos a ...	Nos **wa**-mos a ...
Sollte dieser Weg privat sein,	Si este camino es privado,	Si **es**-tä ka-**mie**-no es prie-**wa**-do,
bitte —	por favor —	por fa-**wor** —
zeigen Sie uns den Weg.	muéstranos el camino.	mo-**äs**-tra-nos äl ka-**mie**-no.
Vielen Dank.	Muchas gracias.	**Mu**-tschas **gra**-ßjas.

Vorbereitung der Wanderungen

Die Wanderungen dieses Landschaftführers sind nach den Ausgangsorten Ibiza-Stadt, San Antonio und dem Feriengebiet nordöstlich von Santa Eulalia (Es Figueral, Can Jordi, Es Canar) geordnet. Eine Übersicht der Wanderungen finden Sie auf der ausfaltbaren Autokarte. Wenn Sie das Buch flüchtig durchblättern, finden Sie mindestens ein Foto von jeder Wanderung.

Nachdem Sie sich aufgrund der Karte und der Fotos für eine oder zwei Wanderungen entschieden haben, sehen Sie sich bitte die Charakterisierung der Tour(en) an. Sie finden dort die Länge der Wanderstrecke, die Gehzeit, den Schwierigkeitsgrad, die Ausrüstung und die An- und Rückfahrt (vgl. Fahrpläne auf den Seiten 123-126). Meist gibt es eine zugehöriger Kurzwanderung, die für Anfänger oder heiße Tagen besonders geeignet ist.

Die Beschreibung jeder Wanderung beginnt mit einer kurzen Charakterisierung der Tour und geht dann sofort in eine detaillierte Wegbeschreibung über. Die Wanderkarten (in diesem Buch im Maßstab 1:40 000 reproduziert) erleichtern Ihnen das Zurechtfinden — inbesondere bei Benutzung eines Kompasses.

Die Gehzeiten sind individuell sehr verschieden. Ermitteln Sie Ihren Korrekturfaktor (er liegt vermutlich zwischen 0,5 und 2) und planen Sie danach Ihre Gehzeiten. Kurze Pausen — etwa zum Fotografieren oder das Warten auf Mitwanderer — sind in den Gehzeiten enthalten, längere Rasten natürlich nicht. Die Zeitangaben geben stets die *gesamte* Gehzeit bis zu dem Punkt an.

Sie finden folgende Symbole auf den Wanderkarten*:

ROT	Asphaltstraße*		Bushaltestelle	8	Steilküste; Vorsicht!
--------	Weg, Fahrweg*		Parkmöglichkeit	●	Dreschplatz
- - - - - -	Pfad, Treppen		Anlegestelle	△	Kirche (trig. Punkt)
			Aussichtspunkt		Piratenturm (*talaia*)
→ GRÜN	Wanderweg und Gehrichtung	*P*	Picknickplatz (siehe Seite 8-12)	★	Leuchtturm (rot)
				♀	Brunnen, Quelle,
⇒	Variante	⚒	Steinbruch	□	Wassertank (blau)

*Die Karten stammen aus den Jahren 1970-80. Straßen und Fahrwege können verbreitert oder anderweitig verändert worden sein. Pfade und Feldwege können zugewachsen sein. *Wegerechte sind nicht vermerkt.*

Hinweise zum Natur- und Landschaftsschutz

Für den erfahrenen Wanderer sind folgende Hinweise Selbstverständlichkeiten. Dem Urlauber, der vielleicht die ersten Wanderschritte in fremden Land unternimmt, sollten sie helfen, sich und andere vor Schaden zu bewahren.

- **Zünden Sie kein Feuer an!** Rauchen Sie nicht in trockenem Pinienwald!
- **Hinterlassen Sie alle Gatter und Tore so, wie Sie sie vorgefunden haben** — offen oder geschlossen. Der Viehtrieb der Bauern könnte sonst gefährdet werden.
- **Pflücken Sie keine Wildblumen**; sie sind zum Teil streng geschützt.
- **Gehen Sie nicht über bebaute Felder!**
- **Nehmen Sie Ihre Abfälle wieder mit zurück!**
- **Wandern Sie nur auf Wegen und Pfaden!** Keinesfells sollte man querfeldein durch unwegsames Gelände (was gefährlich sein könnte) oder über Privatland wandern.
- **Wandern Sie möglichst nicht allein!** Sagen Sie *immer* einer zuverlässigen Person *genau* wohin Sie aufbrechen und zu welcher Zeit Sie voraussichtlich zurück sein werden. Nehmen Sie eine Taschenlampe, eine Trillerpfeife, zusätzlichen Proviant (Notration) und warme Kleidung (Pullover) mit für den Fall, daß Sie Ihre Wanderung nicht vor Einbruch der Dunkelheit beenden können.
- Beachten Sie die **Verkehrsverbindung** am Ende der Wanderung (Bus, Taxi).
- Ihre **Wanderschuhe** sollten Knöchelschutz und Profilsohle haben.

Unterwegs mit Bus und Schifft

Auf Ibiza gibt es ein gut ausgebautes Busnetz, das sowohl für die Bedürfnisse der Bevölkerung als auch für den Transport von Touristen zugeschnitten ist.

Die Busse haben keine Nummern. Das Fahrtziel steht stets oberhalb oder an der Windschutzscheibe. Die preiswerten Tickets gibt es beim Fahrer oder an einem Schalter (wie in Ibiza-Stadt, San Antonio, Santa Eulalia). Die Fahrpläne der Busse und Schiffe finden Sie auf den Seiten 123-126. Es werden nur die Busabfahrten an Werktagen (Mo-Fr) angegeben. An Wochenenden und Feiertagen fahren die Busse weniger häufig. Diese sind dann meist überfüllt, da viele Einheimische dann Besuche oder Ausflüge machen. Meiden Sie daher die Busse an Wochenenden und Feiertagen! Planen Sie einen Ruhetag ein, oder mieten Sie sich ein Auto oder Fahrrad (auch auf Ibiza möglich, wenngleich bei weitem nicht so populär wie auf Formentera).

Fahrpläne unterliegen Änderungen. Vergewissern Sie sich also bitte, ob die genannten Busse auch tatsächlich fahren! Besorgen Sie sich einen aktuellen Busfahrplan am Busbahnhof in Ibiza-Stadt!

Unten finden Sie einen Plan von San Antonio und auf Seite 30-31 den Plan von Ibiza-Stadt. Auf den Stadtplänen finden Sie Bushaltestellen sowie andere hilfreiche Informationen.

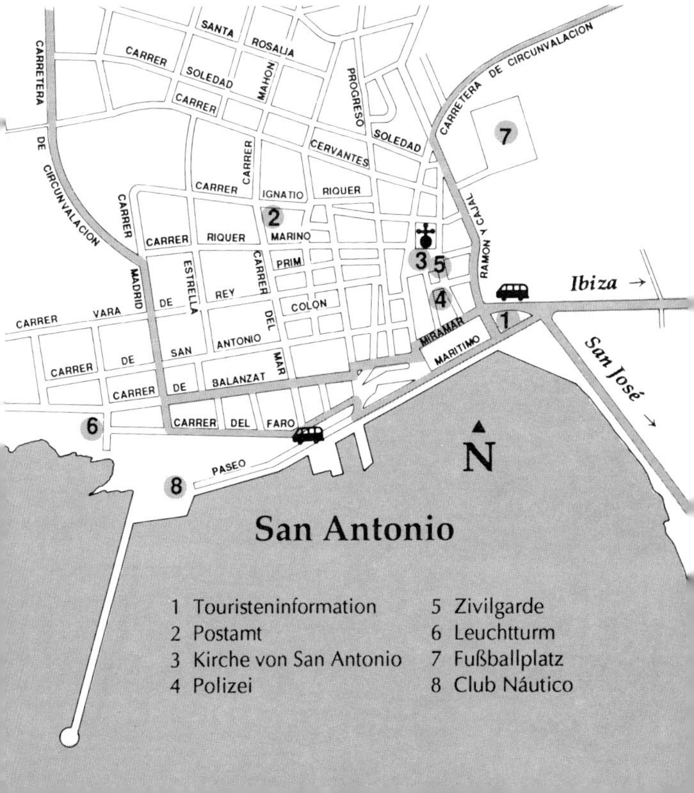

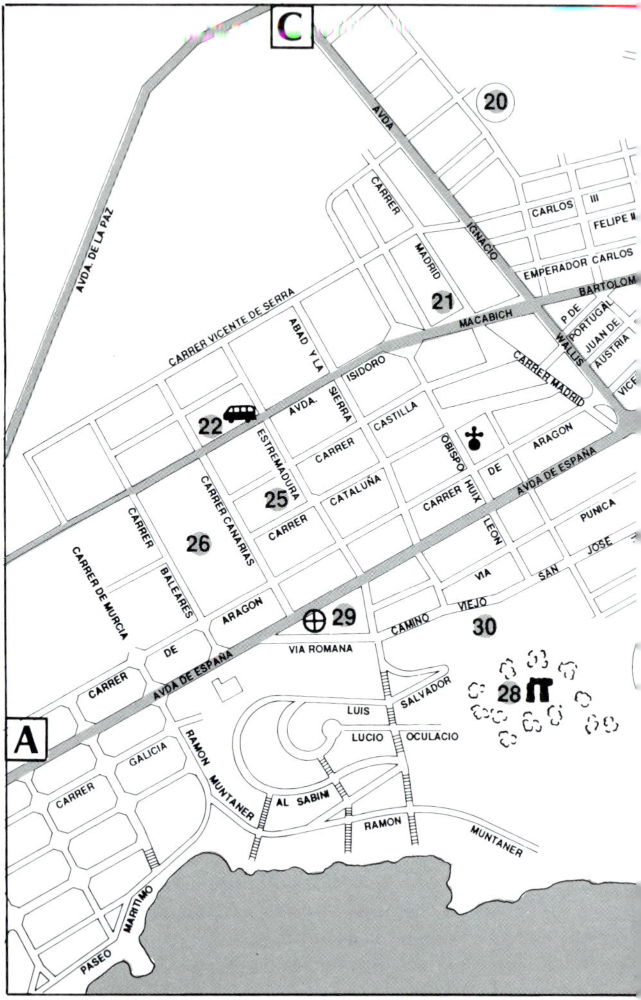

1 Touristeninformation
2 Kathedrale
3 Bischofspalast
4 Bastion von Santa Tecla
5 Museum
6 Rathaus
7 Fleisch- und Fischmarkt
8 Ls Tablas-Tor
9 Iberian Fluglinienbüro
10 Bastion »Neues Tor«
11 Bastion des Hl. Johannes
12 Früchte- und Gemüsemarkt
13 Spielkasino
14 Fähre nach Formentera
15 Bastion von Santa Lucia
16 Santiago-Bastion
17 Bastion des Hl. Bernard
18 Bastion des Hl. Georg
19 Yachthafen
20 Stierkampfarena und Museum

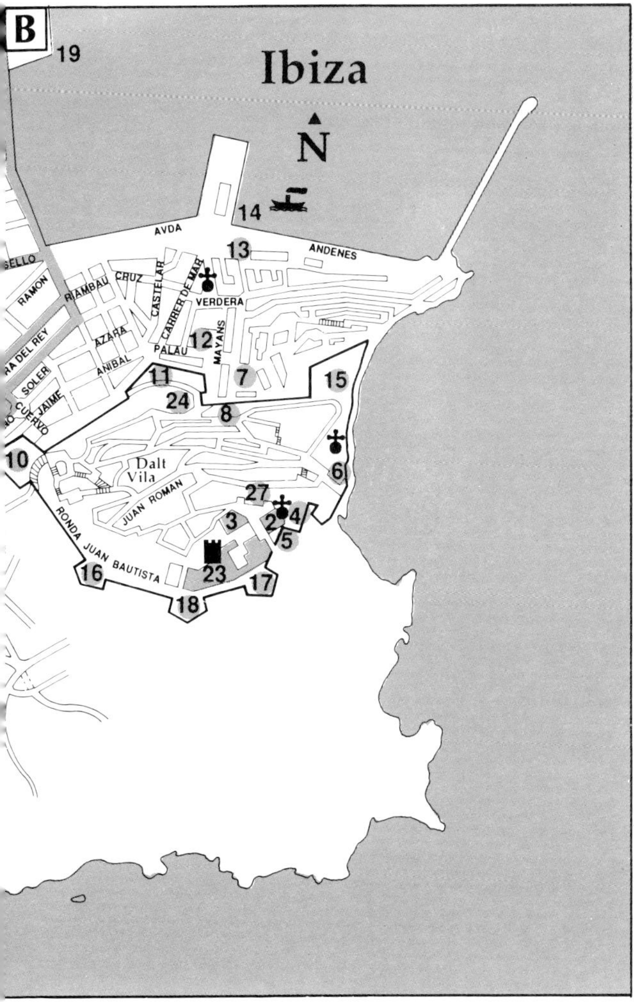

21 Postamt, Polizei
22 Busbahnhof
23 Schloß
24 Museum für Zeitgenössische Kunst
25 Markt
26 Sportplatz
27 Archäologisches Museum
28 Karthagische Totenstadt
29 Krankenhaus
30 Neues Museum

1 IBIZA-STADT • BOTAFOC • TALAMANCA

Die Karte beginnt auf Seite 47 und endet auf Seite 36-37; Foto Seite 34-35

Länge/Dauer: 5km/1Std15Min **Schwierigkeitsgrad:** leicht

Ausrüstung: Turnschuhe, Badesachen; siehe auch Seite 24 (oben)

Anfahrt: Die Wanderung beginnt in Ibiza-Stadt.

Rückfahrt: von Talamanca

Für einen Nachmittagsspaziergang ist der Ausflug zum Leuchtturm Botafoc auf der Halbinsel Sa Mola bestens geeignet. **Sie beginnen** die Wanderung an der Hafenpromenade, dort wo die Schiffe nach Formentera anlegen. An einem Denkmal in der Form einer Kompaßrose mit der Jahreszahl 1987 gehen Sie vorbei. Die Promenade endet am eingezäunten Jachthafen. Beim Club Naútico Ibiza können Sie den Jachthafen betreten. Dieser Abstecher lohnt sich für Fotofreunde. Sie müssen aber durch den Eingang wieder zurück. Nach **6Min** haben Sie diesen Abstecher beendet.

Außerhalb des Jachthafens setzen Sie Ihren Weg neben der wenig befahrenen Straße fort. Von der Hauptstraße ist diese Hafenstraße durch einen Zaun getrennt. Von den Booten trennt Sie ebenfalls ein Zaun. Nach **9Min** haben Sie die Möglichkeit, wieder an den Kai zu gehen. Hier liegen auch die Fischerboote. Die ausgebreiteten Netze ergeben hübsche Fotomotive. Im Hintergrund erhebt sich die Altstadt von Ibiza. Bei einem Bronzedenkmal kommen Sie am Containerhafen vorbei. Hier ist der Zugang für Fußgänger verboten.

Bei dem Appartementhotel Río folgen Sie der Straße in Richtung O. Auf einer von Palmen gesäumten Promenade gehen Sie am Edificio Marítimo vorbei. Beim Casino Jackpot überqueren Sie einen kanalisierten Flußlauf (**17Min**). Kurz darauf führt die Promenade an dem hübschen Restaurant Dino V vorbei. Vier Minuten später liegt rechts der Club El Divino. Sie können Ihren Weg jetzt entweder auf der Promenade oder am Kai auf grün gestrichenem Beton fortsetzen. Nach **27Min** erreichen Sie die Marina Botafoc. Dahinter liegt das Hotel El Corso. (Hier beginnen die Wanderungen 2 und 3). Wir verlassen jetzt die Promenade und gehen auf einem Schotterweg direkt auf das Hotel El Corso zu. Rechts die Anlagestelle des Fährschiffes nach Ibiza-Stadt. Den kleinen Hotelstrand und den Swimmingpool lassen Sie rechts liegen. Gehen Sie den Betonweg hinter dem Hotel hinauf! Bei der Kreuzung biegen Sie nach rechts ab (**31Min**). Kurz darauf haben Sie einen schönen Blick auf den Leuchtturm.

Auf dem Schotterweg gehen Sie an der Casa Corso vorbei (**33Min**). Ihre Gehrichtung ist SSO. Nach zwei Minuten biegt der Schotterweg nach links. Er mündet auf eine Asphaltstraße. Sie haben jetzt einen schönen Blick auf die Berge Sa Talaia und Guixar (Wanderung 2). Sie folgen der Asphaltstraße nach rechts zu einem kleinen Strand hinab (Platja des Duros, **37Min**; Picknick 1a). Steigen Sie jetzt ein paar Treppenstufen nach links hinauf, und gehen Sie auf dem Betonwall weiter. Der Weg auf der Betonmauer endet bald. Steigen Sie jetzt auf dem Schotterweg nach links bergan. Der Schotterweg führt zu einer kleinen Villensiedlung hinauf. Die hübsche Ansammlung prächtiger Villen liegt leider genau in der Einflugschneise der Jets. Bei dem Haus Cinque Pinios haben Sie einen schönen Blick auf den Leuchtturm. Hier führt eine Treppe hinunter zu dem Steg, der die Halbinsel mit dem Leuchtturm verbindet. Can Valerino heißt die nächste hübsche Villa. Sie gehen den Schotterweg weiter hinauf — vorbei an der Villa Can Botafoc. Spiralförmig führt der Weg zum höchsten Punkt der Halbinsel Illa Grossa. Nach rechts haben Sie einen schönen Blick auf die Felsküste unterhalb der Talaia. Nach **48Min** haben Sie die Hochfläche mit drei ehemaligen Geschützstellungen erreicht. Nach NO fallen die Klippen senkrecht ab. Es ist Vorsicht geboten, die Abbruchkante ist ungesichert.

Gehen Sie auf demselben Weg bis zur Villa Cinque Pinios zurück. Steigen Sie jetzt die Treppenstufen vor dem nachgebauten Wehrturm nach links hinunter. Am unteren Ende der Treppe befinden sich einige Bootsschuppen sowie einige Badeplattformen. Bänke laden hier zu einem Picknick ein (**55Min**; Picknick 1b). Über den asphaltierten Steg gehen Sie dann zum Leuchtturm. Vor dem Leuchtturm folgen Sie einem Schotterweg nach Westen. Der Weg steigt an, Sie haben den Leuchtturm zur Linken. Der Weg endet nach **59Min**. Auf einem Küstenpfad können Sie den Leuchturm jedoch umrunden. Für das letzte Stück über die Felsen benötigen Sie Turnschuhe mit guten Profilsohlen. An der grünen Pforte des Leuchturms haben Sie den Rundgang beendet. Nach **1Std 01Min** sind Sie wieder auf der Asphaltstraße.

Gehen Sie jetzt auf der Asphaltstraße weiter, vorbei am Picknichplatz 1b und an der Casa Jaen. Nach **1Std05Min** laden links erneut einige Bänke zur Rast ein (Picknick 1c). Bei der Villa Suleyada beginnt der Weg über die Landbrücke. Nach wenigenMinuten sind Sie wieder auf der Illa Plana. Verlassen Sie die Asphaltstraße nach **1Std09Min** nach links, und steigen Sie auf einem schmalen Hohlweg zwischen den Häusern bergan! Sie kommen wieder auf den Schotterweg, der zum Hotel El Corso führt. Gehen Sie wieder am Haupteingang des Hotels vorbei zu dem kleinen Landesteg, wo das Boot nach Ibiza-Stadt anlegt (**1Std15Min**).

Dalt Vila und der Leuchtturm Botafoc vom Meer aus gesehen

2 SA TALAIA UND PUIG DES GUIXAR

Länge/Dauer: 14km/3Std30Min **Siehe auch Foto Seite 12**

Schwierigkeitsgrad: leicht, mit einigen An- und Abstiegen

Ausrüstung: leichte Bergstiefel oder Turnschuhe mit Profilsohlen, Proviant, Trinkwasser; siehe auch Seite 24 (oben)

An- und Rückfahrt: nach/vonTalamanca

Kurzwanderung: Folgen Sie dem Hauptwanderweg auf die Talaia und bis zum asphaltierten Fahrweg (1Std23Min). Biegen Sie auf ihm nach links, und folgen Sie dem Schluß der Hauptwanderung ab der 2Std36Min-Stelle (8,5km; 2Std15Min).

Diese Wanderung führt Sie auf einige Gipfel der Berge in der Nähe von Ibiza-Stadt. Von den Höhen blicken Sie auf die Küste von Ibiza-Stadt bis Cala Llonga. **Zunächst gehen Sie** den Schotterweg am Haupteingang des Hotels El Corso vorbei. Nach **8Min** mündet er auf einen asphaltierten Fahrweg, dem Sie nach links in Richtung NNO folgen. Zwei Minuten später verlassen Sie diesen Weg in Richtung Meer. Bei dem Haus Erika folgen Sie einem Schotterweg parallel zur Küste. Bei dem Haus Diana biegen Sie nach rechts auf einen Pfad zum Strand von Talamanca ab (**13Min**). Wandern Sie jetzt die ganze Bucht ab! Bei einer Hotelanlage verlassen Sie den Strand nach links (**20Min**) und gehen auf einem Promenadenweg nach NO weiter, am Swimmingpool eines Hotels vorbei (**25Min**). Es folgt die kleine Appartementanlage Paraíso del Mar. Danach verlassen Sie den Promenadenweg nach links und steigen auf der Carrer de Perella bergan. Nach **29Min** kommen Sie auf eine Asphaltstraße, der Sie nach rechts bergauf folgen. Feigen, Johannisbrotbäume, Pinien und Kiefern wachsen hier. Zurück haben Sie einen schönen Blick auf die Altstadt. Dieser Fahrweg mündet bald auf einen anderen, dem Sie nach O folgen.

Bald (**32Min**) zweigen Sie von ihm nach links NO auf einen Schotterweg ab — direkt auf die Talaia zu. In einer Linkskehre des Schotterweges zweigt nach rechts ein Weg ab. Folgen Sie ihm nicht; er endet vor einer Siedlung. Sie blicken jetzt auf den Südwesthang der Talaia, der mit kleinen Villen bebaut ist. Gehen Sie in Richtung W entlang der Telefonleitung weiter! Bei der Gabelung (**36Min**) halten Sie sich rechts (NW; der Gipfel der Talaia liegt jetzt rechts von Ihnen). Eine Minute später endet der Weg vor einem Torbogen mit einem roten Emblem. Folgen Sie jetzt Pfadspuren nach rechts entlang einer Mauer! Nach einer Minute führt der Pfad durch eine Bresche in der Mauer. Der guter Pfad steigt jetzt

Schemenhaft erscheint die Kulisse von Ibiza-Stadt.

nach NO durch einen schönen Pinienwald an. Ein kleiner Hügel wird überschritten (**40Min**). Jetzt geht es nach links NW auf einen asphaltierten Fahrweg hinab. Zwei Wege zweigen jetzt nach N ab. Nehmen Sie den oberen! (Der linke Weg führt an einem nachgebildeten Wehrturm vorbei). Nach einer Rechtsbiegung ist Ihre Gehrichtung NO. Bei dem Haus No 44 macht der Weg erneut eine Rechtsbiegung (**45Min**) und führt auf eine kleine weiß und ockerfarben Siedlung am Hang zu.

Bei einer Einmündung gehen Sie nach rechts SO weiter. Bei der Kreuzung gehen Sie ein Stück nach rechts bergab. Bei der kurz darauf folgenden Einmündung halten Sie sich links bergauf (OSO). Die nach links abzweigende Via Sixte Illescas ignorieren Sie. Bei der nächsten Kreuzung gehen Sie geradeaus weiter (Sie überqueren eine Straße, die nach rechts Via Josep Lluis Sert und nach links Via German R Arias heißt). Sie steigen jetzt etwas steiler nach O an; der Gipfel liegt zu Ihrer Linken. Den nächsten Linksabzweig in die Siedlung ignorieren Sie. Nach rechts haben Sie jetzt einen schönen Blick auf Ibiza und den Talamanca Strand. Ihre Straße heißt Via del Manel Font. Nach **51Min** zweigen sie nach links auf die Via Joaquim Gomis ab. Sie steigt steil bergan. Nach rechts zweigt eine Treppe ab. Sie folgen dem breiten asphaltierten Weg nach NO (nach einer Kehre, nach WNW). Nach zwei Minuten mündet von links ein asphaltierter Weg ein. Sie steigen weiter geradeaus bergan; der Weg heißt jetzt Camí de Sa Talaia. Genießen Sie den Blick auf Ibiza-Stadt! Bald endet die Asphaltierung (**55Min**). Für Kraftfahrzeuge ist der weitere Weg durch eine Kette gesperrt. Folgen Sie ihm! Nach vier Minuten endet auch der Schotterweg. Auf das Cap Martinet (Wande-

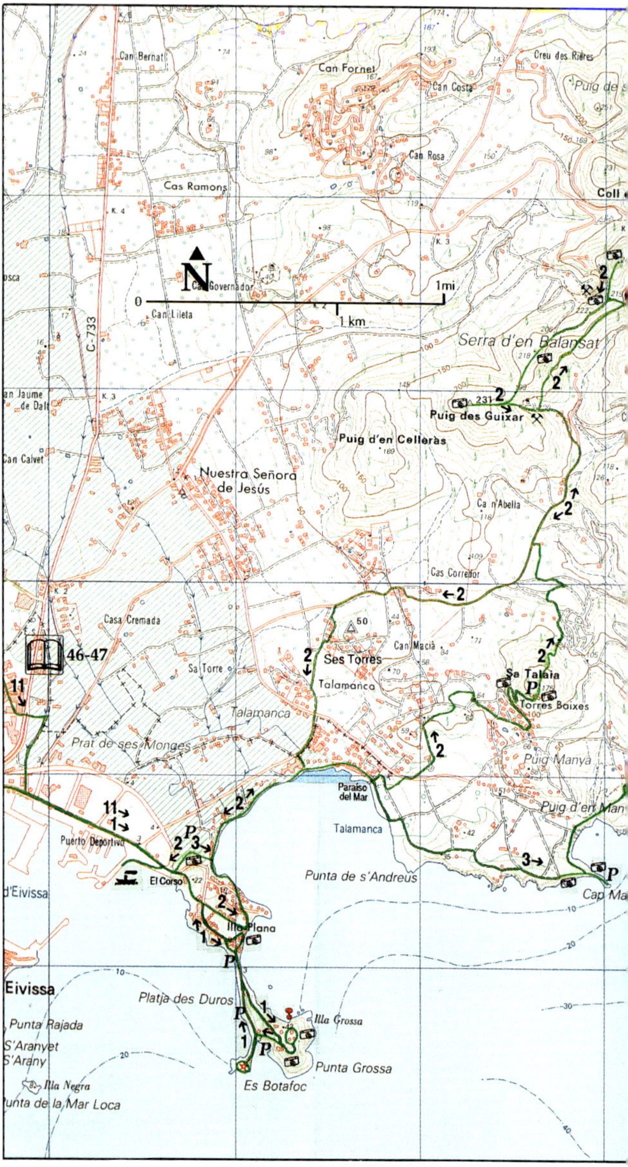

rung 3) können Sie jetzt blicken. Auf einem recht steilen Pfad steigen Sie weiter nach N an. Nach **1Std03Min** sind Sie auf dem Gipfel (Picknick 2). Er trägt die gelbe Markierung RD3.

Sie steigen nach N ab. Der schmale Pfad wendet sich bald nach rechts (NO). Stellenweise ist er leicht zugewachsen; sie müssen langsam und vorsichtig absteigen. Ockerfarbene Sandwege sind Ihr Ziel. Schließlich (**1Std12Min**) mündet der Pfad

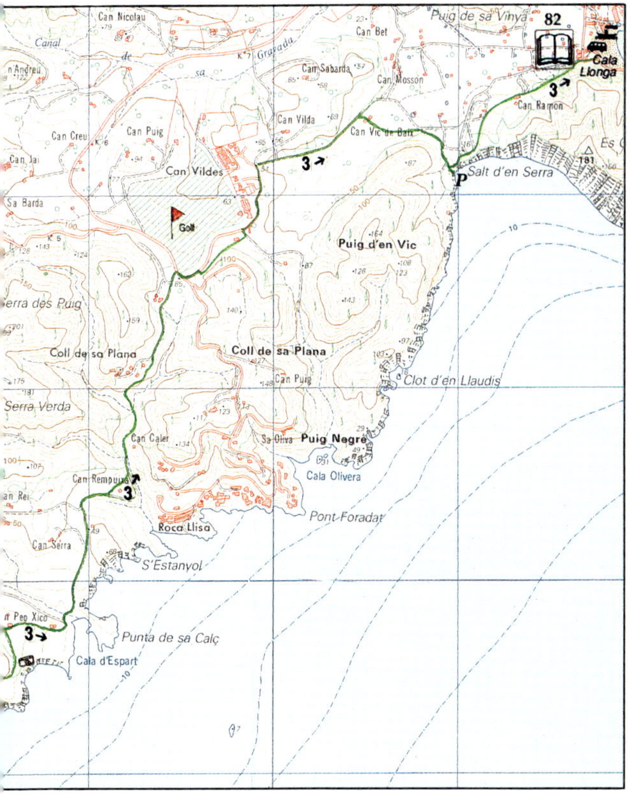

auf einen breiten Lehmweg, dem Sie nach links abwärts (NNW) folgen. Er geht bald in einen Schotterweg über. Bei der Telefonleitung überqueren Sie einen anderen Weg (**1Std 16Min**). Ihre Gehrichtung ist NNW, später WNW. Bei der Hochspannungsleitung zweigen Sie nach rechts ab (NO), auf einen kleinen schönen Weg durch einen lichten Kiefernwald. In einer Spitzkehre biegen Sie nach links. Sie kommen auf einen breiten Schotterfahrweg (**1Std19Min**) und folgen ihm nach links. Nach zwei Minuten biegen Sie von ihm bereits wieder nach N ab — auf ein kleines weißes Gehöft zu. Links in der Ferne erhebt sich ein mächtiger, ockerfarbener Bau.

Nach **1Std23Min** mündet der Pfad auf einen asphaltierten Fahrweg, dem Sie nach rechts folgen (hier biegt die Kurzwanderung nach *links*). Sie gehen an schönen Fincas mit hübschen Gärten vorbei. Ignorieren Sie alle Abzweige nach links oder rechts, bis Sie einen Steinbruch erreichen. Vor dem Steinbruch, biegen Sie auf einem Schotterweg nach rechts, zu einem kleinen Gehöft mit der No. 95. Rechts vom Gehöft folgen Sie einem Pfad bergauf, an Obstbäumen vorbei. Bei einer Gabelung halten Sie sich rechts (**1Std31Min**) und folgen nach NO dem besseren Weg. Er steigt an und wird bald zu einem wunderschönen Pfad durch lichtes Kieferngehölz (Gehrichtung N, später NO). Schließlich mündet er in einen breiten Schotterweg (**1Std40Min**), dem Sie nach links bergauf folgen. An der Abbruchkante eines anderen Steinbruchs kommen Sie heraus (**1Std42Min**). Ein Schild »Peligro cantera« (Vorsicht! Steinbruch) sollten Sie beherzigen und *vorsichtig* weiter ansteigen. Nach **1Std45Min** sind Sie auf dem höchsten Punkt (246m) und blicken auf die Ebene hinter der Cala Llonga hinab.

Sie steigen auf demselben Weg wieder ab, gehen an der Einmündung Ihres Anstieges vorbei und wandern auf einem alten Kammweg der Serra d'en Balansat nach SW weiter. Die Pinien geben gelegentlich den Blick nach NW auf andere Bergketten frei. In einer Rechtskehre verlassen Sie den breiten Weg nach links (**1Std53Min**) und gehen auf einem Pfad auf der Höhe weiter. Einen lichten Rastplatz erreichen Sie nach **1Std58Min**. Von hier gehen Sie nach S weiter und kommen nach drei Minuten an die Abbruchkante des ersten Steinbruchs. Hier wird der Pfad zu einem breiten Forstweg. Sie folgen ihm nach W auf einem Grat hinauf. Wenn der Schotterweg nach links ins Tal biegt, gehen Sie nach SW (später WSW) auf einem Pfad weiter. Sie erreichen den Gipfel des Guixar (231m; **2Std08Min**). Eine weiße Säule ziert ihn.

Der Abstieg nach SW (über dem Puig d'en Celleras) ist nicht möglich, der Pfad ist zugewachsen. Gehen Sie bis zu dem breiten Weg zurück. Steigen Sie dann steil nach rechts (OSO) ab! Nach links blicken Sie in den Steinbruch hinein. Nach **2Std21Min** sind Sie an seinem Tor. Gehen Sie auf dem asphaltierten Fahrweg zurück, vorbei an der Einmündung, wo Sie ihn erreicht haben. Bald (**2Std36Min**) steigt der Weg zum Sattel zwischen Guixar und Sa Talaia an. Links der Abzweig nach Can Covis, rechts (fünf Minuten später) eine Einfahrt mit dem Schild »Cuidado con los Perros« (Vorsicht Hunde).

Vor einer Rechtskurve des asphaltierten Weges biegen Sie nach links ab (**2Std47Min**). Der landwirtschaftliche Weg führt auf den kleinen Hügel zwischen der Talaia und Talamanca zu. In Serpentinen führt er durch die hübsche Siedlung Ses Torres. Bei einer Einmündung halten Sie sich rechts (**2Std 54Min**). Bei dem Haus Nr 44 biegt der Weg nach links. Gleich hinter der Trafostation halten Sie sich wieder links. Über ein Privatgrundstück gelangen Sie dann auf den Weg, der neben der Hochspannungsleitung verläuft. Bei der Kreuzung (**3Std02Min**) biegen Sie nach links ab — auf den Leuchtturm Botafoc zu. Bei der Bar Ses Torres überqueren Sie die Straße nach Jesús und gehen geradeaus weiter! Sie kommen zum Hotel Playa Real (**3Std08Min**). Am Strand von Talamanca gehen Sie bis zum Hotel Argos. Sie folgen der asphaltierte Zufahrtstraße, verlassen sie aber bereits wieder vor der Residence Rocamar und steigen auf einem Pfad den kleinen Hügel hinauf. Nach **3Std30Min** sind Sie bei der Anlegestelle.

3 VON TALAMANCA ZUR CALA LLONGA

Siehe Karte Seite 36-37

Länge/Dauer: 10,5km/2Std40Min

Schwierigkeitsgrad: leicht

Ausrüstung: leichte Bergstiefel, Badesachen, Proviant, Trinkwasser; siehe auch Seite 24 (oben)

Anfahrt: von Ibiza-Stadt nach Talamanca

Rückfahrt: oder von der Cala Llonga nach Ibiza-Stadt

Kurzwanderung: Folgen Sie der Hauptwanderung soweit Sie möchten, und gehen Sie auf demselben Weg zurück!

Diese etwas längere Wanderung führt Sie an der Ostküste entlang und an mehreren einsamen Buchten vorbei. Sie gehen dann durch Gartenland zum Golfplatz. Schließlich kehren Sie wieder zum Meer zurück und lernen die ruhige Bucht Salt d'en Serra kennen, bevor Sie die Cala Llonga erreichen.

Die Überfahrt mit dem Motorboot von Ibiza-Stadt nach Talamanca dauert 10Min. **Sie beginnen die Wanderung**, indem Sie vor dem Hotel El Corso einen kleinen Felspfad zu einer Anhöhe in nordöstlicher Richtung hinaufsteigen. Eine leichte Kletterstelle muß nach einer Minute überwunden werden. Nach drei Minuten gehen Sie an dem einsamen Baum auf der Anhöhe vorbei (Picknick 3a). Auf der anderen Seite des Hügels steigen Sie zum Hotel Argos hinab. Bei der Bar Flotante erreichen Sie dann den Strand von Talamanca (**6Min**). Gehen Sie den am Morgen noch menschenleeren Strand 10 Minuten entlang.

Sie verlassen den Strand vor dem betonierten Strandabschnitt und gehen auf der Promenade weiter. Wanderung 2 führt landeinwärts beim letzten Hotel an diesem Strand, dem Paraíso del Mar. Ein guter Küstenweg schließt sich an den Promenadenweg an. Wir folgen ihm an einigen Bootsschuppen vorbei (**20Min**). Kurz darauf endet der Weg bei einem Feigenbaum. Auf dem links gelegenen Schotterfahrweg gehen Sie weiter. Der Weg führt in Richtung S an einer kleinen Bar vorbei (**22Min**). Kurz darauf folgt eine weitere kleine Bar. Jetzt wird der Weg zu einem undeutlichen Pfad, der nach SO verläuft. Es führt steil den Klippenrand hinauf. Nach **28Min** gehen Sie vor dem Klippenrand an einer Appartementsiedlung vorbei. Nach rechts haben Sie einen schönen Blick auf Formentera. Hinter der Hotelanlage erhebt sich der Berg Sa Talaia.

Nach **31Min** erreichen Sie die

Hübsche alte Ziehbrunnen findet man kurz vor der Cala Llonga.

ehemalige Militäranlage am Cap Martinet. Sie überqueren einen asphaltierten Fahrweg, der zu einer kleinen Sendeanlage führt. Auf einem schmalen Pfad gehen Sie nach O auf den Cap Martinet zu. Diesen lohnenden Abstecher zu den bizarr geformten Küstenfelsen sollten Sie nicht versäumen. In einer leichten Kletterei müssen Sie zweimal eine Felsstufe hinabsteigen. Nach **43Min** sind Sie bei dem markanten Felsen (Picknick 3b).

Diese ehemals hübsche kleine Finca verfällt heute.

Gehen Sie auf demselben Weg zurück! Nach Überwindung der beiden leichten Kletterstellen gehen Sie auf eine Villensiedlung zu (**46Min**). Kurz darauf umgeht der Pfad einen fjordähnlichen Einschnitt. Er ist hier weniger deutlich. Sie gehen zwischen dem Klippenrand und den Begrenzungsmauern der Villen in Richtung ONO. Markant ist der nachgebaute Wehrturm bei einer der Villen. Biegen Sie nicht landeinwärts, sondern folgen Sie dem Küstenpfad hinab zu einer kleinen Bucht! Hier finden Sie sogar einige rote Markierungen. Der Abstieg ist steil und erfordert etwas Trittsicherheit. Nach **54Min** gehen Sie über die Steinmauer, die das Flußtal durchzieht. An der Bucht können Sie eine Rast einlegen (Picknick 3c).

Folgen Sie anschließend dem schmalen Pfad in Richtung N. Sie steigen im Flußtal, das zu Ihrer Linken liegt, an. Nach zwei Minuten geht es ein paar Treppenstufen hinauf. Der Gipfel der Talaia liegt jetzt zum Greifen nah. Bei der Verzweigung halten Sie sich rechts (**58Min**). Sie verlassen jetzt das Flußtal und folgen einem breiten Schotterweg landeinwärts. Sie kommen zu zwei Toren zur Rechten, bei denen zwei Privatwege abzweigen. Beide sind durch schwarze Eisentore abgesperrt. Sie lassen diese Wege unbeachtet und folgen dem Schotterweg, der sich in Richtung NO den Berghang hinaufzieht. Er führt zu einer hübschen Villa. Vor der Villa biegen Sie nach rechts auf einem guten Wanderpfad ab. Dieser Pfad mündet vor der Bresche in einer Mauer auf den oberen der beiden Privatwege. Folgen Sie knapp 30m dem Privatweg, dann gehen Sie durch die Bresche in der Mauer. (Der Privatweg führt hier in Richtung Meer hinab.)

Hinter der Bresche führen zwei Wanderpfade die Küstenfelsen hinauf. Wählen Sie den oberen! Der Pfad führt steil nach O hinauf (die Gehrichtung ändert sich später in NO). Durch Steinmänner ist der Pfad gekennzeichnet. Eine Erdspalte begleitet den Pfad. Der Pfad führt über die Erdspalte hinweg ein Stück höher hinauf. Gehen Sie nicht so dicht an den Klippenrand heran! Nach einem Betonpfeiler (Vermessungspunkt) geht es dicht an die Abbruchkante heran (**1Std 05Min**). In Richtung NO blicken Sie auf die Feriensiedlung Roca Llisa. Eine rote Markierung entdecken Sie gelegentlich auf Steinen und an Bäumen. Bald geht es durch lichten Pinienwald und durch hohe Sträucher wieder bergab. Unter all den Kiefern und Pinien fällt ein einsamer Feigenbaum auf.

Bei einem Kalkbrennofen kommen Sie wieder an die Erdspalte heran (**1Std09Min**). Sie gehen in Richtung ONO bergab zum Meer. Der Pfad verbreitert sich bald zu einem Weg (**1Std10Min**); zwei Minuten später haben Sie einen schönen Blick aufs Meer und Roca Llisa. Danach tritt der Weg aus dem Wäldchen in eine offene Landschaft hinaus. Er führt auf den kleines Anwesen Can Pep Xico zu (**1Std16Min**). Jetzt gehen Sie in Richtung O zum Meer hinunter. An Ihrem Weg liegt unter alten Pinien die hübsche Villa Calar son Estanyol.

Nach **1Std21Min** sind Sie dann am Strand der kleinen Bucht Cala d'Espart. Ein paar Bootsschuppen stehen hier. Hier empfiehlt sich eine kurze Rast. In nördlicher Richtung steigen sie dann weiter an. Sie gehen zunächst auf einem Pfad, der aber bald auf einen breiten Schotterweg mündet. Folgen Sie diesem steinigen Weg in Richtung N. Von links und rechts schließen sich Wege und Pfade an. In mehreren Kehren führt der breite steinige Weg den Hang hinauf. Bald mündet der steinige Weg auf einen geschobenen Schotterweg. Er steigt in Richtung NO an und überschreitet (**1Std28Min**) eine kleine Paßhöhe. Rechts steht ein verfallenes Gebäude.

Sie steigen nach N wieder ab. Von links schließen sich zwei Wege an. Bei der Hochspannungsleitung biegt Ihr Weg nach rechts — auf Roca Llisa zu. Sie gehen jetzt durch lichten Pinienwald. Wenn der Weg sich nach rechts zum Meer wendet (**1Std32Min**), verlassen Sie ihn auf einem Pfad und gehen in Richtung O, genau auf Roca Llisa weiter. Der Pfad führt an einigen verlassenen Gehöften vorbei. Die letzten Meter des Abstiegs auf den Talweg sind etwas mühsam.

Dem Talweg folgen Sie nach links (**1Std37Min**). In der Kehre verlassen Sie den Talweg auf einem schmalen Pfad. In einem Bachtal steigen Sie in Richtung N an. An einem Brunnenschacht führt der Pfad nach **1Std41Min** vorbei. Danach führt er nach links aus dem Bachbett heraus. Etwas weniger deutlich geht es über Felsen weiter. Er führt an ein eingezäuntes Grundstück heran. Gehen Sie vor der Mauer mit dem Zaun darauf nach rechts weiter. Vor der Hochspannungsleitung wird der Pfad zu einem breiten Schotterweg. Es geht an einer Trafostation vorbei. Unmittelbar darauf mündet unser Weg auf einen anderen breiten Weg, der aus einem Privatgrundstück kommt. Von beiden Seiten münden weitere Wege ein. Von der Telefonzelle an ist der Weg asphaltiert Bei dem Minimercado Roca Llisa entdecken Sie auch den Namen dieses schönen Weges: Camino Bernardo.

Nach **1Std54Min** mündet der Carmino Bernardo auf eine Asphaltstraße. Gehen Sie nur wenige Schritte nach rechts, um gleich wieder nach links zum Club de Golf abzubiegen. Gehen Sie die asphaltierte Avenida de Golf ein Stück hinunter. Nach etwa 100m biegen Sie nach rechts auf einen Lehmweg ab, der zunächst parallel zur Avenida del Golf verläuft. Später wendet er sich in Richtung ONO. Durch die Bäume sehen Sie bereits die Hotels an der Cala Llonga. Der Weg erreicht nach **2Std01Min** eine verlassene Finca (Foto Seite 40). Kurz hinter der Finca verlassen Sie den Weg auf einem Pfad nach rechts in Richtung OSO. Eine Minute nach der Finca mündet der Pfad auf einen breiten Schotterweg, dem Sie nach links folgen. Nach etwa 50m kommen Sie auf einen asphaltierten Weg, der auf Cala Llonga zuführt. Der Weg führt nach N bergauf an der Finca del Golf vorbei. Bei der Kreuzung (**2Std07Min**) biegen Sie nach rights und folgen dem Pfeil in Richtung Salt d'en Serra. Auf einem guten ockerfarbenen Lehmweg kommen Sie an dem kleinen Anwesen Can Vitch Petit vorbei. Bei der Gabelung (**2Std14Min**) halten Sie sich rechts. In Serpentinen schlängelt sich der Weg SO ins Tal hinunter, an einem ehemaligen Dreschplatz vorbei. Vier Minuten nach der Gabelung mündet von links ein Weg ein; es geht jetzt zu einer kleinen Anhöhe hinauf. Eine zerbrochene Windradanlage steht markant in den Gärten neben einem Wasserbecken.

Nach **2Std22Min** kommen Sie an eine Kreuzung, bei der fünf Wege zusammenlaufen. Gehen Sie an dem Restaurant vorbei direkt zum Meer hinunter! Legen Sie in der unten abgebildeten Bucht (Salt d'en Serra, Picknick 3d) eine weitere Rast eventuell mit einem Bad ein! Von der Kreuzung folgen Sie dann dem breiten Schotterweg nach N. Diesen Weg verlassen sie aber bereits wieder nach kurzer Zeit. In Richtung O steigen Sie ein anderen Weg bergan. Sie kommen an einer alten Finca vorbei, neben der eine neue (No 36) entsteht. Der schöne alte Brunnen bleibt hoffentlich erhalten! Von der Finca folgen Sie dem schmalen Pfad in Richtung NO. Er überquert einen breiteren Weg und führt in Richtung ONO auf Cala Llonga zu. Zur Rechten liegt eine weitere Finca. Nach **2Std34Min** mündet der Pfad auf einen Weg, dem Sie nach links talwärts folgen. Bei der Farm Easy Rider trifft dieser Weg wieder auf den breiten Schotterweg, dem Sie nach rechts in Richtung Cala Llonga folgen (**2Std40Min**).

Kurz vor dem Ziel liegt die Bucht Salt d'en Serra (Picknick 3d).

4 GÄRTEN UND WÄLDER WESTLICH VON IBIZA-STADT

Länge/Dauer: 15km/3Std45Min

Schwierigkeitsgrad: leicht

Ausrüstung: leichte Bergstiefel, lange Hose, Proviant, Trinkwasser; siehe auch Seite 24 (oben)

An- und Rückfahrt: zu Fuß von/nach Ibiza-Stadt

Kurzwanderung: Folgen Sie der Hauptwanderung soweit Sie möchten, und gehen Sie denselben Weg zurück!

Diese Wanderung führt Sie in die unmittelbare ländliche Umgebung von Ibiza-Stadt; sie stellt einen starken Kontrast zu der hektischen Metropole dar. Wenn ein leichtes Lüftchen weht, ist es auch im Hochsommer für diese Wanderung nicht zu heiß. Die Kammwanderung über den Nordwestausläufer des Puig d'en Palau gehört zu den schönsten Touren auf Ibiza.

Wir beginnen die Wanderung bei der Fußgängerbrücke im Westen von Ibiza-Stadt etwa in der Mitte zwischen dem Kreisverkehr am Ende der Avenida de España und der Einmündung der Avenida Isodoro Macabich auf der Schnellstraße nach San Antonio. Nach Überquerung der Schnellstraße auf der Fußgängerbrücke gehen Sie in Richtung WNW an der Polizeistation vorbei. Rechts von Ihnen dreht sich ein Windrad. Hinter der Polizeistation biegt die Straße ein Stück nach links, nimmt aber bei einer Schule ihre alte Richtung wieder auf (**6Min**). Die Linksabzweige führen durch das Wohngebiet Can Escandell zur PM803. Sie gehen auf dem Bürgersteig des Carrer des Jondal an schönen Gärten vorbei. Rechts von Ihnen liegt Brachland. Vor Ihnen erhebt sich die Berglandschaft, in die Sie diese Wanderung führt.

Nach **15Min** endet Ihr Weg auf der Carrer des Jondal. Sie biegen an der Kreuzung vor einer Asphaltstraße nach rechts auf einen landwirtschaftlichen Lehmweg ab. Diesem Fahrweg, der parallel zur Asphaltstraße verläuft, folgen Sie in Richtung NNO. Über Zitronenhaine blicken Sie nach rechts auf Dalt Vila (Picknick 4a). Nach vier Minuten kommen Sie an der Casa Hideaway mit ihrem markanten Torbogen vorbei. Olivenbäume säumen hier den Weg. Die Asphaltstraße liegt etwas höher und ist jetzt außer Sichtweite. Rechts liegt in einiger Entfernung das Fußballstadion sowie die Berge Guixar und Sa Talaia (Wanderung 2). Jetzt hat sich der Schotterweg geteilt; die beide Wege verlaufen parallel zur Straße.

An einer leichten Rechtsbiegung der Asphaltstraße vereinigen sich die beiden Wege wieder. Hier überqueren Sie die Asphaltstraße und gehen in Richtung N auf einem Schotterweg unter der Hochspannungsleitung hindurch. Die Stadt liegt jetzt ganz hinter Ihnen; Ihr Weg führt durch Kulturland. Von rechts schließt sich bald ein Schotterweg an (**29 Min**). Drei Minuten später macht der Weg einen Rechtsknick und verläuft nach NO. Nach links zweigt ein asphaltierter Feldweg ab. Gehen Sie geradeaus weiter! Nach rechts blicken Sie zum Leuchtturm Botafoc hinüber (Wanderung 1). Nach **36Min** gehen Sie wieder unter einer Hochspannungsleitung hindurch. Kurz darauf kommen Sie an eine Glaserei (Can Negre 135). Folgen Sie jetzt dem Fußpfad in Richtung NW! Er verläuft entlang einer Mauer mit einem Zaun darauf. Der schöne Fußweg wird rechts von einer Lesesteinmauer gesäumt. Sie

Die Felder wirken nie monoton, da sie stets von Olivenbäumen unterbrochen werden.

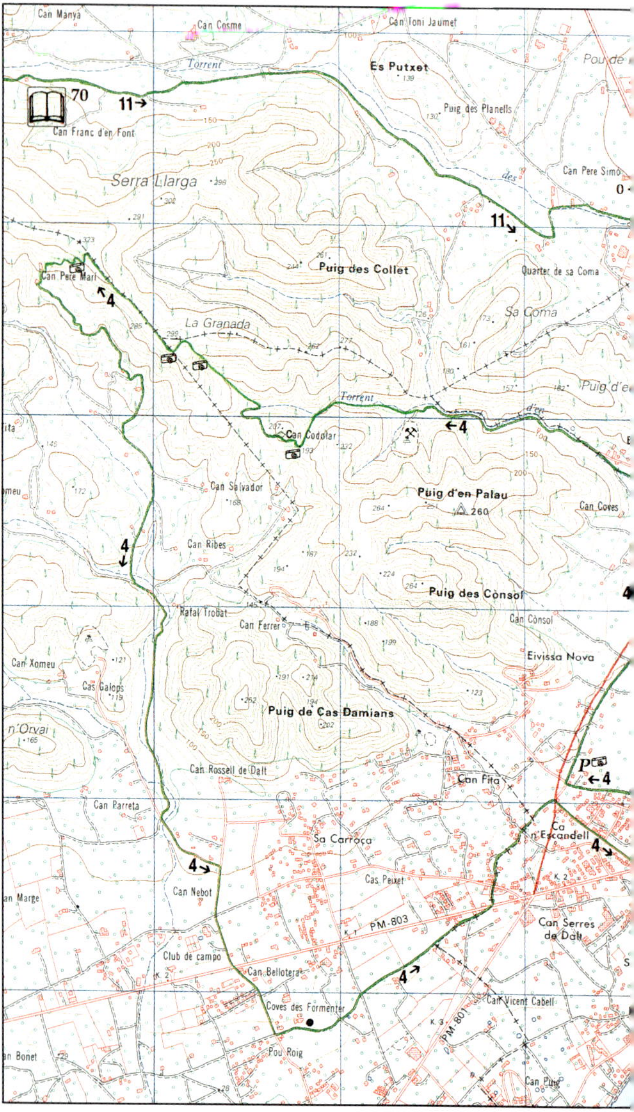

gehen im ausgetrockneten Bachtal des Torrent d'en Capità (Picknick 4b).

Bald (**41Min**) steigen Sie nach rechts aus dem Bachtal heraus und gehen auf einem Weg, der das Bachtal zur Linken hat, weiter. Rechts liegen einige schöne Villen. Eine Minute später führt der Weg wieder in das Bachbett hinein; er verläuft jetzt direkt unter der Hochspannungsleitung. Das steinige

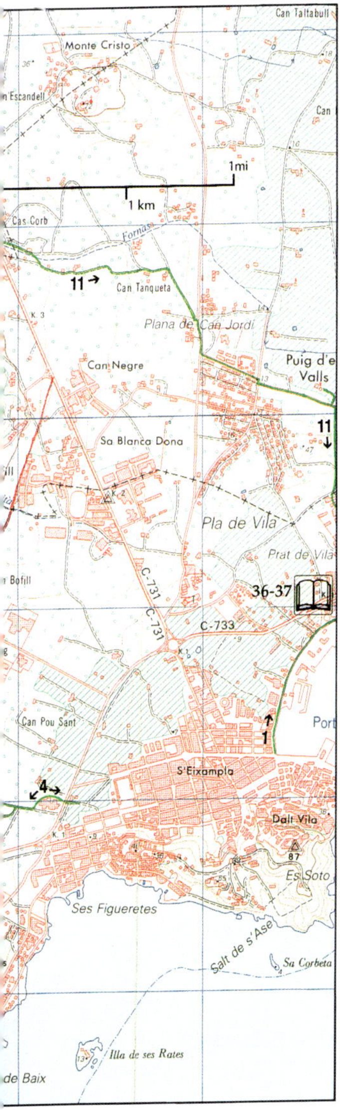

Flußbett endet nach weiteren vier Minuten. Der Fußweg führt entlang der Hochspannungsleitung weiter. Rechts liegt eine Trafostation. Nach **50Min** mündet der schöne kleine Fußweg auf einen breiten Schotterfahrweg, dem Sie in mehreren Kehren bergan bis zu einem Steinbruch folgen (**1Std03Min**). Sie gehen geradeaus weiter (Gehrichtung NW). In einer Kehre biegt der Waldweg wenig später nach W ab. Es geht etwas bergan. Zwei Minuten nach dem Eingang zum Steinbruch führt der Waldweg an einem Kalkofen vorbei; die Gehrichtung ist jetzt WSW. Nach vier Minuten führt der schöne Waldweg an einem weiteren Kalkofen vorbei.

Drei Minuten nach dem zweiten Kalkofen (**1Std 12Min**) zweigt nach links ein Pfad ab. Folgen Sie ihm! Der gute wenn gleich schmale Pfad verläuft zunächst genau nach S. Sie haben ein Bachbett zur Linken. Nach zwei Minuten überquert der Pfad das Bachtal. Quer zum Bachbett verlaufen Steinmauern. Zwischen dem Pfad und dem Bachbett liegt eine Minute später ein weiterer Kalkofen. In Richtung S steigen Sie am ausgetrockneten Bachlauf, der zu Ihrer Rechten liegt, hoch. Schließlich führt der Pfad ganz aus dem Bachbett heraus und verläuft weiterhin in Richtung S zu einem Paß hinauf. Auf der Paßhöhe mündet der Pfad auf einen anderen, dem Sie nach rechts folgen. (Die Einmündung erfolgt an einem Hochspannungsmast; **1Std17Min**). In südwestlicher Richtung blicken Sie aufs Meer. Steigen Sie jetzt auf der Kammlinie in Richtung

Links: Paprika-Pflanzen.
Unten, rechts: Die ibizenkische Architektur harmoniert in wunderbarer Weise mit der Blütenpracht des Sommers.

WNW weiter an! Der Pfad verbreitert sich zu einem Weg, der innerhalb zwei Minuten zu dem verfallenen Anwesen Can Codolar führt.

Hinter dem verfallenen Haus geht es in Richtung W bergab. Nach drei Minuten zweigen Sie auf einem Pfad nach links in ein Flußbett ab. In Richtung NW steigen Sie danach wieder an — das Bachbett haben Sie zur Linken. Bald (**1Std26Min**) quert der Pfad das Flußbett und steigt jetzt in Richtung W an. Etwas später gehen Sie auf einem wunderschönen Waldweg nach SW. Der Weg wird steiler. In südöstlicher Richtung blicken Sie bald auf den Flugplatz. Sie wandern jetzt auf der Kammhöhe. Die Kammlinie steigt weiter an. Der Anstieg erfolgt bald in Richtung N. Die Steigung endet nach **1Std 37Min**; es geht sogar ein Stück wieder bergab. Sie haben die Kammlinie jetzt zur Linken. Bei einer Verzweigung eine Minute später, halten Sie sich links. Der Pfad führt wieder zur Kammlinie hinauf. Dieser Pfad auf dem Kamm ist das schönste Stück dieser Wanderung.

Nach **1Std41Min** verläßt der Pfad die Kammlinie nach links und führt am Hang langsam ins Tal. Nach sechs Minuten kommen Sie an eine Verzweigung (**1Std47Min**). Halten Sie sich in einer Spitzkehre links, und gehen Sie in Richtung S weiter! (Der Höhenweg führt nach NW weiter.) Der Pfad verbreitert sich zu einem Weg und schlängelt sich zu einem Hang hinab. Er mündet bald auf einem Schotterfahrweg, dem Sie nach links bergab folgen. Sie haben jetzt einen schönen Blick auf die Salinas beim Flughafen. Bis Formentera können Sie schauen. Der breite Weg windet sich in Serpentinen durch Gartenland ins Tal, an dem Anwesen Can Pere Mari vorbei. Rechts vor Ihnen liegt das tief eingeschnittene Tal unterhalb der Serra de ses Fontar. Die Anbauterrassen sind zum Teil verwildert. Im Tal und an den Hängen stehen vereinzelt Fincas. In vielen Kehren windet sich der gute breite Weg ins Tal. Links am Weg ein verfallenes Anwesen (**2Std02Min**) und, nach fünf Minuten, ein weiteres. Ein Rechtsabzweig wird eine Minute später ignoriert, ebenso ein zweiter nach weiteren drei Minuten. Eine Minute später gehen Sie an der Linksbiegung zum Can Salvador vorbei.

Dies ist das einsame ländliche Ibiza. Ignorieren Sie alle Abzweige nach links und rechts, und steigen Sie im Haupttal weiter ab! Nach **2Std17Min** sind Sie in der Talsohle. Nach links der Abzweig zum Can Ribes. Das Tal haben Sie jetzt zur Linken. Nach drei Minuten rechts eine neu erbaute Finca. Rechts davon im Wald ein ebenfalls neu erbautes Haus. Der Weg ist jetzt von Steinmauern gesäumt. Von rechts mündet nach **2Std24Min** ein ebenbürtiger Fahrweg ein (bei einem landwirtschaftlichen Anwesen mit Satellitenantenne). Unter der Hochspannungsleitung führt der Weg nach **2Std35Min** hindurch. Das Flußtal liegt jetzt wieder zur Rechten. Wir gehen immer noch nach S. Der Schotterweg trifft jetzt auf einen asphaltierten Weg, dem Sie nach links folgen. Ihre Gehrichtung ist jetzt SSO. Nach **2Std48Min** kommen Sie an eine Einmündung. Folgen Sie der Rechtsbiegung Ihres Weges. Bei der Kreuzung gehen Sie wenig später geradeaus (SSO) weiter.

Nach **2Std56Min** erreichen Sie die PM803 bei Can Bellotera. Gönnen Sie sich in der kleinen Kneipe ein kühles Bier! Anschließend überqueren Sie die PM803 und gehen auf der Carrer de la Camelia durch Gartenland. Lassen Sie den ersten Linksabzweig (drei Minuten von der Straße entfernt) unbeachtet, jedoch bei der Kreuzung nach weiteren vier Minuten (**3Std03Min**) biegen Sie nach links ab (Richtung ONO). Die Asphaltierung endet bald, und Sie wandern auf einem schönen alten Weg durch das ländliche Ibiza. Nach zwei Minuten liegt links ein ehemaliger Dreschplatz; rechts eine Anpflanzung von Mandelbäumen.

Nach **3Std13Min** überqueren Sie wieder die PM803. Vor dem Kindergarten biegen Sie nach rechts, überqueren die Carrer de Riu Minjo und folgen der Carrer de Riu Ebre. Sie mündet bald auf die Carrer de Riu Duerro, der Sie nach rechts folgen. In der Ferne sehen Sie jetzt wieder die Altstadt. Wieviel Idylle finden Sie hier in unmittelbarer Nähe von Ibiza-Stadt! Unser Lehmweg überquert einen anderen (**3Std21Min**). Drei Minuten später biegen Sie nach rechts ab, überqueren die Asphaltstraße und gehen nach O, später nach SO weiter. Kurz vor der PM803 verlassen Sie die Carrer Can Escandell nach links, gehen am Haus Ferera vorbei, halten sich bei der Einmündung rechts und gleich darauf wieder links. Durch ein Gewirr von kleinen Gassen gelangen Sie schließlich wieder auf die Carrer des Jondal, auf der die Wanderung begonnen hat. Vorbei an der Schule und der Polizeistation kommen Sie dann wieder zur Fußgängerbrücke (**3Std45Min**).

5 VON DER PLATJA D'EN BOSSA ZUR PLATJA DE MIGJORN

Länge/Dauer: 7km/2Std35Min **Schwierigkeitsgrad:** leicht

Ausrüstung: leichte Bergstiefel, Trinkwasser, Proviant, Badesachen; siehe auch Seite 24 (oben)

Anfahrt: 🚌 von Ibiza-Stadt zur Playa d'en Bossa
Rückfahrt: 🚌 von den Salinas (»Ses Salines«) nach Ibiza-Stadt

Kurzwanderung: Folgen Sie der Hauptwanderung soweit Sie mögen, und gehen Sie auf demselben Weg zurück!

Diese schöne Küstenwanderung können Sie zu jeder Jahreszeit unternehmen, auch in den Sommermonaten ist es dazu nicht zu heiß. Im Winter ist die Wanderung eine Halbtagstour; im Sommer sollten Sie dafür einen ganzen Tag einplanen.

Sie beginnen die Wanderung an der Platja d'en Bossa, indem Sie nach s an den Hotels und Tennisplätzen vorbeigehen. Rechts von Ihnen liegen die Salzseen und dahinter erstreckt sich der Flughafen. Am Ende des Strandes steht ein Piratenturm (Torre de sa Sal Rossa). Nach vier Minuten überqueren Sie eine kleine Holzbrücke über einem Salzwasserkanal. Gehen Sie danach an dem Kanal entlang. Er wird durch hohe Steinmauern begrenzt. Auf einem Küstenpfad steigen Sie direkt auf den Turm zu (**9Min**; Picknick 5a).

Vom Turm geht es zu einigen Bootsschuppen hinab. Danach führt der Weg direkt auf die Küste zu. sie passieren einige weitere Bootsschuppen (**17Min**). Hier führen Pfade rechts den Berg hoch. Nehmen Sie den unteren der beiden Küstenpfade. Er führt wenige Meter oberhalb des Meeres entlang. Nach links blicken Sie auf die Torre mit den häßlichen Hotelbauten dahinter. Kurz darauf steigt der Pfad etwas an. Ein Steinmann aus zwei aufeinandergelegten Steinen deutet an, daß Sie sich auf dem richtigen Weg befinden (**22Min**). Jetzt genießen Sie die Einsamkeit der Küstenlandschaft. Zur linken haben Sie die Felsküste, und rechts beginnt

Hinter den Salzgewinnungsanlagen führt der Pfad durch ein Wäldchen an der Küste entlang (Picknick 5b).

jetzt der Pinienbewuchs. In der Nähe der Küstenlinie sehen Sie gelegentlich die kleinen Vermessungspunkte.

Jetzt müssen Sie sich etwas weiter vom Meer entfernen, um nicht in die gefährlichen Steilabbrüche zu geraten. Der Pfad steigt an. Von der Höhe blicken Sie in eine Bucht hinunter und sehen den Pfad auf der anderen Seite bereits wieder ansteigen. Der Pfad ist hier mit roten Punkten markiert. Sie steigen zur Bucht hinab. Für ein Bad sind die Felsen leider zu steil (**30Min**). Auf der anderen Seite der Bucht steigen Sie wieder an. Der Pfad — wieder ausgezeichnet — führt bald wieder dicht an die Küstenlinie heran. Einen kleinen Ringwall aus Steinen mit den Resten eines Feuers sehen Sie hier. Die Küstenfelsen sind sehr scharfkantig; zum Baden ist das Gelände ungeeignet. Sie überschreiten nach drei Minuten die nächste Anhöhe. Die Entfernung bis zum Meer beträgt jetzt gut 100m. Nach **38Min** führt der Pfad bis auf wenige Meter ans Meer heran (Picknick 5b; Foto gegenüber). Es geht wieder landeinwärts bergan in die Kiefern hinein, aber eine weitere Senke haben Sie nach **46Min** erreicht. Nach drei oder vier Minuten steigt der Pfad an und führt vom Meer weg. Von der nächsten Anhöhe sehen Sie bereits den Piratenturm Torre des ses Portes, der am südlichsten Punkt der Insel steht. Steil geht es jetzt hinab. Bei der nächsten Talsenke in Meeresnähe können Sie ein Bad nehmen.

Der nächte Anstieg erfolgt gemächlich durch Latschenkieferngehölz. Nach **1Std08Min** führt der Pfad dicht an den Klippenrand heran. Danach biegt er wieder landeinwärts und führt steil hinab. Ebenso steil geht es wieder bergan. Schließlich folgt noch ein steiler Abstieg. Nehmen Sie nach der Verzweigung nach **1Std16Min** den oberen Pfad! Er trägt auch die Markierung. Nach **1Std22Min** mündet der Küstenpfad auf einen breiten Schotterfahrweg. Folgen Sie ihm nach links abwärts! Nach wenigen Metern zweigen Sie von dem Schotterfahrweg bereits wieder nach links ab. Sie kommen zu einigen Ferienhäuschen. Eins der Häuser heißt Rolling Stones House. Sie gehen an einer Telefonzelle und an dem Restaurant La Escolera vorbei. Von einer kleinen Bar gehen Sie nach sw auf die Salinen zu (ein unbequemes Wegstück durch Dünensand). Dort führt ein fester Weg entlang. Sie folgen diesem Weg zwischen den Salinen und dem Kiefernwäldchen. Kurz vor dem Ende der Salinen zweigen Sie nach links in das Kiefernwäldchen ab. Der Weg wird wieder sandig.

Bei der Verzweigung (**1Std42Min**) halten Sie sich links. Bei einer kleinen Bar ereichen Sie das Meer. Gehen Sie auf dem festen, vom Wasser überspülten Teil des Strandes! Dieser Strand Es Cavallet ist ein Treffpunkt der Homosexuellen. Nach fünf Minuten endet der Strand. Über steinige Klippen geht es auf einem festen Pfad weiter. Nach **1Std58Min** sind Sie beim Torre de ses Portes. Sein Schatten lädt zur Rast ein.

Der Pfad führt jetzt durch eine bizarre Küstenlandschaft.

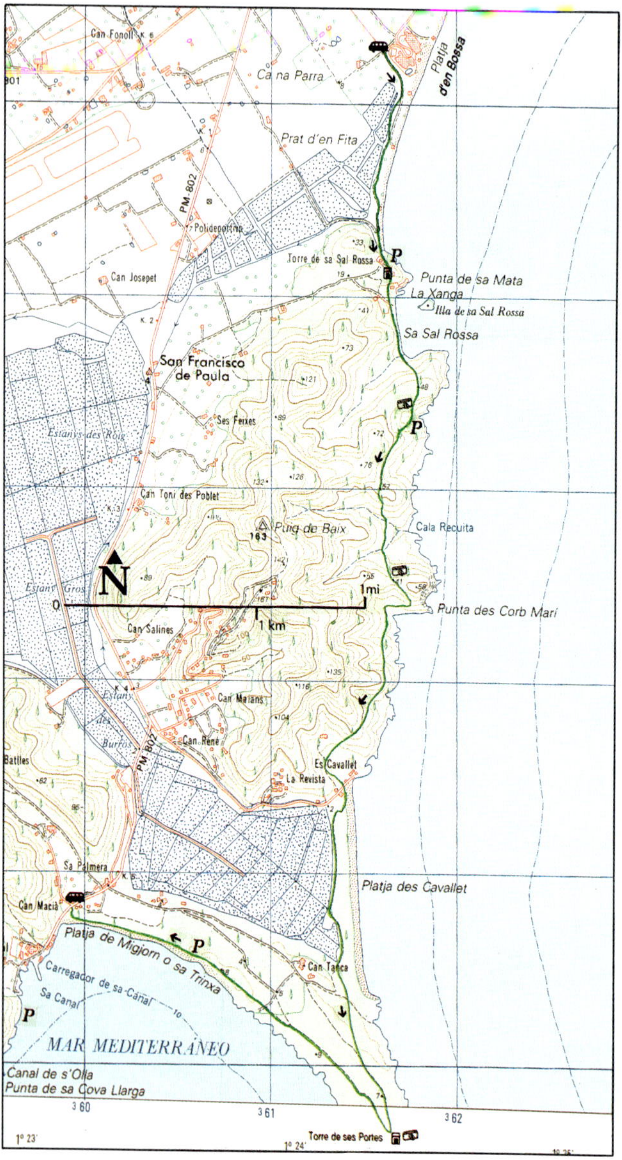

Zwischen den scharfkantigen Felsen leuchten kleine Sandbuchten. Nach **2Std22Min** haben Sie den Strandabschnitt erreicht, wo das Badeleben der Platja de Migjorn (Picknick 5c, 5d) anfängt. Kleine Bars und Restaurants finden Sie hier. Bei den ehemaligen Salzverladeanlagen endet der Strand (**2Std 35Min**). Der Bus hält beim Restaurant Mar y Sal.

6 TORRE DES SAVINAR

Länge/Dauer: 3km/weniger als 50Min

Schwierigkeitsgrad: leicht; Sie müssen jedoch trittsicher sein

Ausrüstung: leichte Bergstiefel, Trinkwasser; siehe auch S. 24 (oben)

An- und Rückfahrt: 🚗 mit Mietwagen über San José, Abzweig Richtung Cala d'Hort, Abzweig Richtung Torre des Savinar. Auf der Höhe des Anwesens Ca na Lluca das Auto parken (etwa 400 m vor der Asphaltstraße zur Cala d'Hort entfernt).

Kurzwanderung: Steigen Sie nur bis zum Torre hinauf, hierzu ist keine Trittsicherheit erforderlich (30Min).

Auf dieser Wanderung genießen Sie einen der schönsten Panoramablicke, den die Insel zu bieten hat: Vom 244 m hohen Berg blicken Sie über den Piratenturm Torre des Savinar zum Märchenfelsen Es Vedrà hinüber. Sie finden dieses Motiv auf vielen Ansichtskarten.

Sie beginnen die Wanderung indem Sie gehen dem Weg vom Anwesen Ca na Lluca weiter (Richtung wsw). Einen Abzweig ins Tal nach rechts nach einer Minute lassen Sie unbeachtet. Ebenso einen Linksabzweig eine Minute später. Gehen Sie direkt auf die Küste zu! An der Wegkreuzung gehen Sie geradeaus weiter. Links vor sich sehen Sie den Berg mit dem Piratenturm (dem Torre des Savinar). Eine Minute später erhebt sich die Felseninsel Es Vedrà in voller Schönheit vor Ihnen. Nach rechts blicken Sie auf die Cala d'Hort mit der kleinen vorgelagerten Insel Escull de Cala d'Hort. Nach **8Min** stehen Sie am Klippenrand. Unter Pinien oder Latschenkiefern finden Sie hier manch schönen Picknickplatz mit märchenhafter Aussicht (Picknick 6).

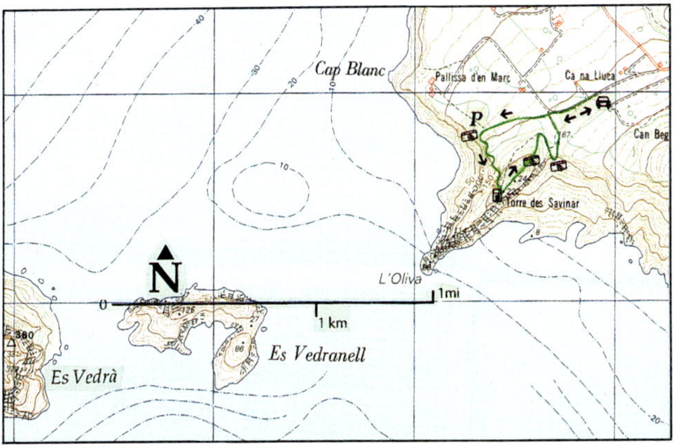

Steigen Sie jetzt den guten Bergpfad zum Torre hinauf! Nach **15Min** erreichen Sie den gut erhaltenen Turm aus dem 18. Jahrhundert. Der Kurzwanderung macht hier kehrt; die Hauptwanderung führt auf Pfaden und Pfadspuren über die Kammlinie. Bald erreichen Sie einige große Felsen. Auf einer Pfadspur steigen Sie vorsichtig weiter in Richtung NO an. Den

Der Torre des Savinar mit dem Vedrà-Felsen. Vor dem unter Naturschutz stehenden Felsen Es Vedrà liegt das Inselchen Es Vedranell.

höchsten Punkt der Wanderung (244m) haben Sie bald erreicht (**24Min**). Von hier aus blicken Sie auf die Torre und zu den Felsen Es Vedrà und Es Vedranell (siehe Foto oben).

Steigen Sie ebenso vorsichtig auf der anderen Seite wieder ab! Die Pfadspur verliert sich vorübergehend, und Sie müssen weglos über das karstige Felsgestein gehen. Nach **33Min** haben Sie wieder einen Pfad am Nordwesthang. Es geht über Felsen und durch Sträucher. Nach drei Minuten schwenkt der Pfad nach rechts auf eine andere Aussichtsplattform zu (**36Min**). Über feinen und groben Schotter steigen Sie ab. Nach zwei Minuten stehen Sie wieder am Klippenrand. Auch von diesem Punkt haben Sie herrliche Ausblicke.

Gehen Sie nach N zur Kreuzung zurück (**43Min**). Dort schwenken sie nach rechts zu Ihrem Wagen, den Sie nach **47Min** erreichen.

7 SAN JOSE • SA TALAIASSA • CALA TARIDA

Siehe auch Foto gegenüber
Länge/Dauer: 15km/3Std50Min
Schwierigkeitsgrad: etwas anstrengend
Ausrüstung: leichte Bergstiefel, lange Hose, Proviant, Trinkwasser, Badesachen; siehe auch Seite 24 (oben)
Anfahrt: von Ibiza-Stadt oder San Antonio nach San José
Rückfahrt: von Cala Tarida nach Ibiza-Stadt oder San Antonio
Variante: San José — Sa Talaiassa — Roques Altes — Blick auf Es Vedrà — San José (13km/3Std50Min; etwas anstrengend; mit dem Bus oder Auto nach/von San José). Folgen Sie der Hauptwanderung bis zur Einmundung nach 1Std30Min. Halten Sie sich links und gehen Sie genau nach s, etwas später hinter einer Rechtsbiegung nach sw. (Eine Linksabzweigung lassen Sie unbeachtet.) In 12Min erreichen Sie einen größeren Parkplatz. Hier endet der breite Schotterweg. Sie können jetzt einmal in Richtung WNW zur Gedenkstätte für die Opfer eines Flugzeugabsturzes wandern. Im Januar 1972 zerschellte hier eine Maschine an der Bergkette Roques Altes. Gehen Sie von der Gedenkstätte noch ein kleines Stück in derselben Richtung weiter. Von der Abbruchkante haben Sie einen herrlichen Blick auf die Westküste Ibizas. Gehen Sie anschließend zum Parkplatz zurück! Der zweite Abstecher führt auf dem camino sin salida in südwestlicher Richtung. Er führt in 15Min zu einem einzigartigen Blick auf den Felsen Es Vedrà. kehren Sie auf demselben Weg zum Parkplatz und über die Talaiassa nach San José zurück! Wenn Sie ein besonders konditionsstarker Wanderer sind, können Sie von der Verzweigung natürlich auch der Hauptwanderung zur Cala Tarida folgen.

Diese Wanderung führt Sie zum höchsten Punkt Ibizas und anschließend an die Westküste der Insel. Vom Berg Talaiassa haben Sie bei klarer Sicht herrliche Ausblicke über die ganze Insel. Durch Wälder und Gärten wandern Sie dann zur Cala Tarida hinab, wo Sie die schöne Wanderung mit einem erfrischenden Bad beenden können.

Die Wanderung beginnt bei der Bushaltestelle im Zentrum von San José, gegenüber der Kirche. Der Ausgangspunkt ist beschildert. Sie steigen ein paar Treppenstufen hinauf und folgen dann einem alten blau markierten Wanderweg durch Terrassengärten (**10Min**). Auf die Terrassengärten folgt lichter Pinienwald. Bald blicken Sie auf die zwei Funkmasten des TV-Senders im NO des Kamms. Thymian wächst reichlich an den Wegrändern und strömt einen würzigen Duft aus. Schöne Motive gibt es für Fotofans. Nach rechts (**17Min**) genießen Sie einen herrlichen Blick über die Bucht von San Antonio. An den Stellen, wo der Weg steiler wird, hat man Treppen in den Fels geschlagen. Ein Stückchen geht es auch einmal wieder bergab (**33Min**); wir gehen in einen Sattel hinein. Unmittelbar vor der Kammlinie führt der Weg an einer ehemaligen Köhlerstätte vorbei. Wenn Sie die Kammlinie betreten, sehen Sie rechts vor sich die beiden kleinen Sendemasten (**49Min**;

Gegenüber: Das Tal und die Hänge des Torrent de Can Nadal sind ein einziger Obstgarten.

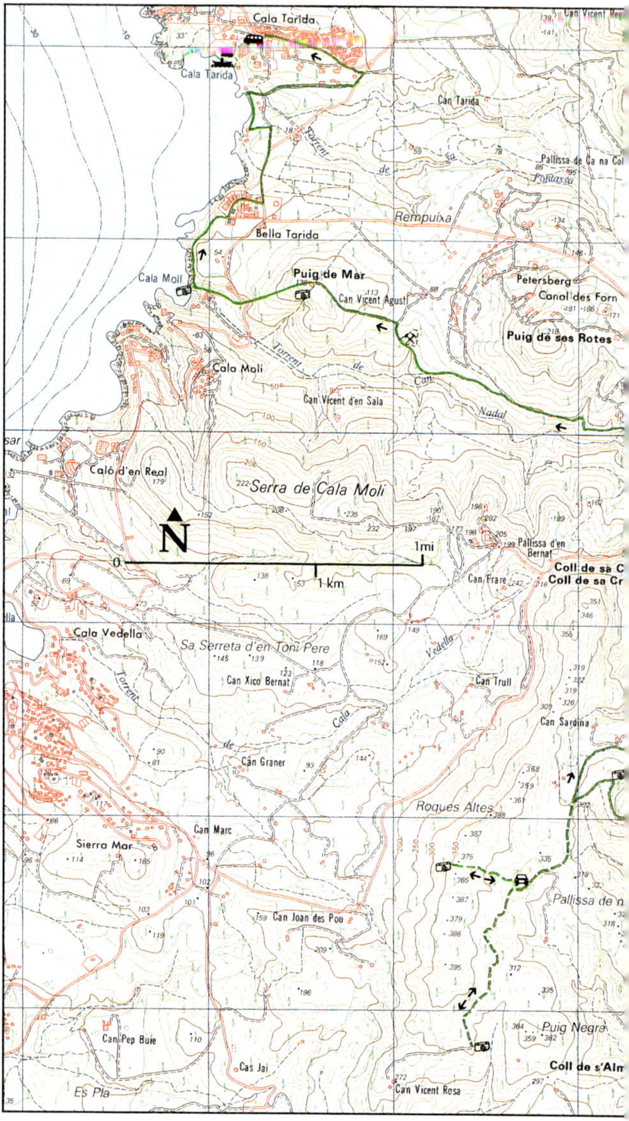

Picknick 7). Legen Sie eine kleine Pause ein, und genießen Sie die Ausblicke!

Setzen Sie dann Ihre Wanderung auf dem breiten Fahrweg fort, und gehen Sie auf den großen Sendemast zu! Schnell sind Sie bei der kleinen Funkstation (476m; **52Min**). Der große Sendemast (**1Std**) ist durch scharfe Hunde bewacht. Jetzt sind Sie auf dem höchsten Punkt der Insel.

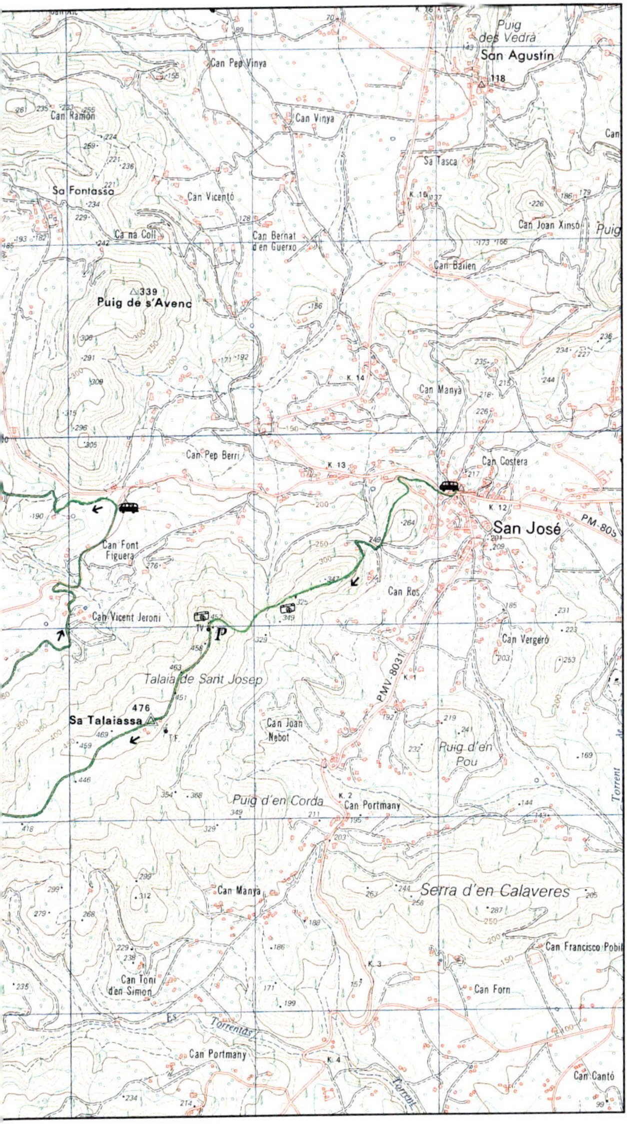

Wir folgen weiter dem Fahrweg, der jetzt leicht abwärts führt. In dem Pinienwald an der Kammlinie bieten sich herrliche Picknickplätze an. Bald zweigt nach rechts ein Weg ab (**1Std09Min**). Folgen Sie ihm nicht! Er führt zu einem kleinen Haus. Gehen Sie auf dem Hauptfahrweg weiter, er verläuft etwas unterhalb der Kammlinie. Den Abzweig nach links (**1Std13Min**) ignorieren Sie ebenfalls. Bleiben Sie auf dem

Von Küstenpfad zur Cala Tarida blickt man tief in den Felsen hinunter.

Fahrweg, der jetzt eine leichte Rechtsbiegung macht. Sie blicken auf die der Küste vorgelagerten Inseln, die im Morgenlicht ein besonders schönes Bild bieten. Der Weg verläuft später auf der anderen Seite der Kammlinie (**1Std21Min**). Sie genießen jetzt den Blick auf die Südküste der Insel. Auf den Kiefernwald und auf den Strand von Ses Salines blicken Sie von hier. Kurz vor einer wichtigen Einmündung fällt nach links eine tiefe cañonartige Schlucht ab.

Bei der Einmündung gehen Sie nach rechts (**1Std30Min**). (Hier führt die Variante nach links in Richtung S.) Die Hauptwanderung führt jetzt genau auf das Kap Nunó zu, das die Bucht von San Antonio im Norden zu begrenzen scheint. Links am Weg stehen wunderschöne Feigenbäume mit weit ausladenden Zweigen, in deren Schatten es sich herrlich picknicken läßt. Vier Minuten nach der Einmündung zweigt nach links ein kleiner Weg zu einem Gehöft ab; wir gehen weiter geradeaus und sehen jetzt die beiden Sendemasten vor uns. An einem Haus mit Schwimmbecken kommen wir bald darauf vorbei (**1Std36Min**). Dem Weg, der sieben Minuten später nach links abzweigt, dürfen Sie nicht folgen; er führt nur in die Gärten. Folgen Sie weiter dem Fahrweg, der jetzt von Baumheide, Wacholder und Johannisbrotbäumen gesäumt wird. Es folgen noch weitere Abzweigungen nach rechts und nach links. Ignorieren Sie alle!

Nach gut **2Std** erreichen Sie die Asphaltstraße die von San José über den Coll de sa Creu zur Cala Vedella führt. Folgen sie ihr nach O! In einer Linkskehre geht es durch das Tal nach N. Nach vier Minuten kommen Sie an eine Bushaltestelle, etwa 100m vor der Einmündung in die Straße zur Cala Tarida. Gegenüber der Bushaltestelle zweigen Sie auf einem Pfad nach W ab. Sie steigen auf eine Anbauterrasse hinab und gehen auf eine Finca zu. Bald mündet der Pfad auf einen breiten Weg, dem Sie nach links folgen. Sie gehen in einiger Entfernung an der Finca vorbei (**2Std11Min**).

Nach einem kurzen Anstieg kommen Sie an eine Verzweigung, an der sieben Wege zusammenlaufen. Nehmen Sie den breiten Forstweg, der nach N bergab führt. Die Asphaltstraße zur Cala Tarida verläuft etwa 200m rechts von Ihnen. Ignorieren Sie einen Linksabzweig und gehen Sie entlang der Hochspannungsleitung geradeaus weiter! Nach **2Std17Min** führt der Weg nach N von der Hochspannungsleitung weg.

Der breite Weg endet drei Minuten später (**2Std20Min**) bei einer verlassenen Finca, und Sie folgen einem Fußpfad nach N. Er mündet zwei Minuten später auf einen breiten landwirtschaftlichen Weg, dem Sie nach links bergab folgen. Sie gehen jetzt in Richtung WNW. Links haben Sie den bewaldeten Hang, rechts Anbauterrassen.

Der breite Weg wird wieder zu einem Pfad. Er führt nach **2Std25Min** in ein Nebental. Wein und Mandelbäume wachsen hier. Oberhalb des Nebentals befindet sich ein kleines Anwesen. Ein schmaler Pfad führt an der Grenze des bebauten Landes bergab. Zur Linken haben Sie herrlichen Wald. An einigen Stellen ist der Pfad leicht zugewachsen. Nach **2Std 32Min** verbreitert er sich. Bei der letzten Anbauterrasse führt der Pfad ein Stück steil bergauf. Eine durch einen Baum versperrte Stelle muß umgangen werden. Sie gehen auf einem guten alten Saumpfad. Er wird wieder schmal, ist aber nach links durch große Steine gut abgesichert. Dieser herrlicher Höhenweg auf der rechten Talseite des Torrent de Can Nadal (Foto Seite 54) geht jetzt durch schönen Wald. Bei der Verzweigung (**2Std 42Min**) halten Sie sich links. (Der rechte Pfad umrundet den Puig de ses Rotes.) Unmittelbar darauf kommen Sie an ein grob gemauertes Wasserbecken. Zweigen Sie nicht nach rechts ab, sondern gehen Sie geradeaus weiter! Nach **2Std47Min** geht es durch ein Nebental, von dessen Talsohle ein Fahrweg bergauf führt. Sie sind in einem Steinbruch. In nordöstlicher Richtung erblicken Sie ein schönes Anwesen mit einem nachgebauten Wehrturm. Folgen Sie dem Fahrweg in einer Rechtskurve nach N! Eine zweite Villa — ebenfalls mit nachgebautem Wehrturm — kommt in Sicht. Bei einer Verzweigung halten Sie sich links (**2Std52Min**). Folgen Sie dem guten Schotterweg in Richtung WNW! Er steigt an und endet auf dem Puig de Mar (138m) bei einem Wasserpumpwerk.

Fogen Sie jetzt dem Pfad nach NW; er tritt nach kurzer Zeit aus dem Wald heraus, und Sie haben einen einzigartigen Rundblick. Entlang einer Rohrleitung steigen Sie dann nach SW ab. Bei einer Villa mündet Ihr Pfad auf einen breiten Betonweg, dem Sie nach links folgen. Bei einer Trafostation überqueren Sie die Asphaltstraße zur Cala Molí. Folgen Sie einem Schotterweg in Richtung W zum Meer! Nach **3Std13Min** haben Sie von den Felsklippen schöne Blicke in die tief gelegene Cala Molí. Folgen sie jetzt dem Küstenpfad nach NO! Er verläuft bald (**3Std19Min**) unmittelbar am Klippenrand. Vor einer Prachtvilla ragt eine Punta ins Meer. Leider ist der Küstenpfad jetzt durch Villen versperrt. Gehen Sie die Carrer de Bella Tarida hinab! Auf der Carrer de San Ferran biegen Sie dann nach links zum Meer. Etwas später (**3Std33Min**) existiert noch ein kleines Stück des Küstenpfades. Sie gehen durch eine Bucht mit ein paar Bootsschuppen. Nach **3Std39Min** sind Sie am Strand der Cala Tarida. Bis zur Haltestelle des Busses nach San Antonio und Ibiza-Stadt sind es dann noch 15 Minuten (**3Std50Min**).

8 VON SAN JUAN NACH PORTINATX

Siehe Karte Seite 64-65

Länge/Dauer: 12km/3Std10Min

Schwierigkeitsgrad: etwas anstrengend

Ausrüstung: leichte Bergstiefel, Proviant, Trinkwasser, Badesachen; siehe auch Seite 24 (oben)

Anfahrt: 🚌 von Ibiza-Stadt nach San Juan (oder Portinatx-🚌 bis zum Abzweig 1km vor dem Ort)
Rückfahrt: 🚌 von Portinatx nach Ibiza-Stadt

Kurzwanderung: Von Portinatx gehen Sie nach der Karte den Küstenpfad in umgekehrter Richtung bis zum Leuchtturm. Dann auf demselben Pfad zurück (3,5km/1Std; 🚌 nach/von Portinatx).

Auf einem breiten Schotterweg gehen Sie über einen Höhenzug mit herrlichen Ausblicken durch altes Kulturland bis zur Cala d'en Serra. Dann geht es nicht ganz so einfach auf Küstenpfaden und durch ein Waldgebiet am Leuchtturm vorbei nach Portinatx.

Wenn Sie **die Wanderung** an dem Abzweig nach San Juan **beginnen** (auf der PM811), gelangen Sie in **10Min** ins Ortszentrum. Gehen Sie auf der PM811 durch den kleinen Ort mit der sehenswerten Kirche, die unten abgebildet ist. Am Ortsende verlassen Sie die PM811, die hier nach rechts biegt, auf einem breiten Schotterweg nach links. Es geht leicht in Richtung N bergan.

Ignorieren Sie alle Abzweige nach links und rechts, und folgen Sie dem guten breiten Schotterweg! Nach links blicken Sie auf den Talaia de San Juan mit dem Sendemast. Zur Rechten haben Sie den Berghang und zur Linken ein tiefes fruchtbares Tal. Bald ist Ihre Gehrichtung O und nach **28Min** geht es bereits wieder bergab. In größerer Entfernung sehen Sie links die Asphaltstraße nach Portinatx. Im Norden erblicken Sie den Leuchtturm, an dem diese Wanderung vorbeiführt, deutlich vor sich. Nach **44Min** geht es in Serpentinen bergab. Nach **54Min** zweigt nach rechts ein Fahrweg ab, der über den Puig de ses Roques zum Puig de sa Fita führt. (Dieser 309m hohe Berg mit herrlichem Rundblick wird auch Rey genannt. Für den An- und Abstieg müssen Sie *zusätzlich* 1Std 20Min einkalkulieren.)

Widerstehen Sie der Versuchung, den Schotterfahrweg nach **1Std11Min** nach rechts zu verlassen.

Die Pfarrkirche von San Juan

Dieser Weg endet in Gartenland. In einer langgezogenen Linkskehre verläuft unser Weg jetzt in Richtung NNW. Erst nach **1Std15Min** zweigen Sie nach rechts auf einen asphaltierten Weg ab. Es ist die Verbindung von Portinatx zur Cala d'en Serra. In einer Rechtskehre steht eine einsame hübsche Finca (Nr 29). Danach geht es in Richtung O zur Bucht. Nach **1Std32Min** blicken Sie tief in die Cala d'en Serra hinab. Die Bauruine des geplanten Hotels, die hier schon seit Jahren steht, verschandelt die schöne Küstenlandschaft beträchtlich.

Ab jetzt müssen Sie genau auf den Weg achten. Das Gewirr von Pfaden und Wegen sind *nicht* auf der Karte eingezeichnet. Folgen Sie dem schmalen Küstenpfad nach N! Er führt dicht am Klippenrand entlang. Bald (**1Std37Min**) gehen Sie durch die Bresche einer Lesesteinmauer. Der Pfad verzweigt sich hier mehrfach. Die Pfade laufen aber wieder zusammen. Nach **1Std43Min** taucht der Leuchtturm auf. Drei Minuten später umgeht der Pfad eine Bucht und biegt landeinwärts. Sie gehen nach SW. An einigen Stellen ist der Pfad etwas zugewachsen. Nach **1Std55Min** trifft er auf einen breiten Waldweg. Er führt zunächst direkt auf den Leuchtturm zu. Später wendet er sich nach S. Nach **2Std** mündet von rechts ein anderer Forstweg ein. Halten Sie sich bei der Gabelung kurz darauf links! Ignorieren Sie den Rechtsabzweig nach **2Std12Min**. Zwei Minuten später kommen Sie auf einen Weg, neben dem eine Lesesteinmauer verläuft. Folgen Sie ihm nach N! Der Leuchtturm kommt wieder in Sicht. Bei einer Einmündung folgen Sie der Mauer nach links in westlicher Richtung. Sie kommen an ein verfallenes Gehöft. Gehen Sie nach N auf den Leuchtturm zu! Bei einer Kreuzung biegen Sie nach links nach NW ab. Nach **2Std21Min** gehen Sie nach links durch die Bresche in der Mauer. Jetzt haben Sie die Mauer zur Rechten. Der Waldweg verläuft zunächst nach W, dann in Richtung NW. Die Mauer ist etwa 10m entfernt. Bei der nächsten Verzweigung halten Sie sich rechts. Der unmittelbar folgende Linksabzweig bleibt unbeachtet. Wenn der Weg nach **2Std35Min** nach W biegt, zweigen Sie auf einem Pfad nach N ab. Sie gehen jetzt genau auf den Leuchtturm zu. Der Pfad ist stellenweise leicht zugewachsen; Sie sind aber nach **2Std38Min** auf offenem Gelände am Meer. Kurz darauf sind Sie am Leuchtturm.

Sie folgen jetzt nicht dem breiten Fahrweg landeinwärts sondern dem Küstenpfad. Er führt am Klippenrand entlang. Sie haben einen atemberaubenden Blick in eine Felsbucht. Bald (nach **2Std52Min**) führt der Küstenpfad in eine weitere Bucht hinab. Kurz darauf steigen Sie auf einer verkarsteten Fläche an. An einem fjordartigen Einschnitt geht es ein Stück landeinwärts. Danach steigt der Pfad ein paar Meter steil an. Das letzte Stück des Pfades ist wieder leicht zugewachsen. Nach **3Std06Min** haben Sie dann den Strand von Portinatx erreicht. Die Bushaltestelle liegt nicht Weit entfernt (**3Std10Min**).

9 PORTINATX • TORRE DE PORTINATX • CALA XUCLA • CALA XARRACA

Siehe auch Fotos Seite 9, [illegible] **Länge/Dauer:** 15km/3Std45Min

Schwierigkeitsgrad: etwas anstrengend

Ausrüstung: leichte Bergstiefel, Proviant, Trinkwasser, Badesachen; siehe auch Seite 24 (oben)

Anfahrt: 🚌 von Ibiza-Stadt nach Portinatx
Rückfahrt: Portinatx 🚌 von der Cala Xarraca nach Ibiza-Stadt

Kurzwanderung: Portinatx — Torre de Portinatx — Portinatx. Der Hauptwanderung 1Std21Min folgen. Vor Erreichen der C733 kehren Sie dann auf der Asphaltstraße zu den Hotels nach Portinatx zurück (6km/1Std40Min; leicht).

Auf dieser Wanderung erleben Sie herrliche Küstenformationen sowie einen Piratenturm. Sie wandern auf Küstenpfaden, durch Gartenland und durch Wald. **Sie beginnen die Wanderung** an der Bushaltestelle in Portinatx. Gehen Sie den gepflasterten Weg in Richtung sw hinter dem Strand hinunter!

Beim Anstieg auf dem Küstenpfad blicken Sie auf die Punta sa Torre (Picknick 9a; siehe auch Foto Seite 9).

Auf dem zunächst mit Natursteinen gepflasterten Küstenpfad steigen Sie anschließend wieder an! Nach **4Min** überqueren Sie den zweiten Strand. Hinter einigen Bootsschuppen müssen Sie zu einem Zaun hinaufsteigen. Über Treppenstufen führt der Pfad etwa 15m über dem Meer entlang (Gehrichtung WNW). Der Pfad steigt etwas an, und Sie gehen durch ein kleines Wäldchen nur wenige Meter vom Klippenrand entfernt (Foto gegenüber). Der Pfad ist hier etwas zugewachsen. Durch wilden Hafer steigen Sie auf ein kleines Plateau hinauf. Nach **14Min** kommen Sie auf einen breiten Weg, dem Sie nach rechts (NW) folgen. Sie gehen hinter einer Appartementanlage entlang und nähern sich dem Club Portinatx (einer FKK-Anlage). Jetzt sehen Sie bereits den Piratenturm. In einer Rechtskehre führt der Weg auf den Turm zu. Hinter der Appartementanlage folgen Sie dem Wanderweg zum Turm (**22Min**).

Gehen Sie vom Turm zunächst zwei Minuten denselben Weg zurück. Biegen Sie dann (vor einem weiß-grünen Tor) auf einem guten Schotterweg nach links (NO) ab! Sie gehen durch einen Pinienwald. Drei Minuten später steigen Sie auf einem Pfad nach rechts etwas steil zum Meer ab. Nach **31Min** sind Sie auf der hellen Karstfläche am Meer. Gehen Sie auf ihr nach links. Nach zwei Minuten erreichen Sie einen markanten Torbogen (Foto Seite 9). Gehen Sie dann in Richtung SW zu einigen großen Felsen! Es lohnt sich durchaus, hier auf dieser Karstfläche einige Zeit zu verbringen (**35Min**; Picknick 9a).

Steigen Sie auf demselben oder einem weiter westlich gelegenen Pfad wieder hinauf. Am bequemsten ist der am weitesten westlich gelegene Anstiegspfad. Gehen Sie anschließend zu dem grün-weißen Tor zurück! Nach **50Min** sind sie wieder an der Verzweigung, wo es nach rechts zum Turm geht. Folgen Sie jetzt dem Weg zur FKK-Anlage zurück! Vor der Einfahrt zur FKK-Anlage, wo der Fahrweg nach rechts biegt, folgen Sie einem nicht sehr deutlichen Küstenpfad zum Meer. Sie gehen in Richtung W. Die Bungalows der FKK-Anlage liegen etwa 100m rechts von Ihnen. Der Pfad ist an einigen Stellen leicht zugewachsen. Bei einigen eindrucksvollen Klippen kommen Sie wieder ans Meer. Der Pfad ist etwas abschüssig, man muß vorsichtig gehen. Nach **1Std05Min** zieht sich der Küstenpfad steil den Klippenrand hinauf. Nach zwei Minuten endet der Küstenpfad bei der Villa La Dragonera.

Verlassen Sie die hübsche Villa auf einem Schotterfahrweg, von dem Sie aber bereits nach einer Minute wieder nach rechts abbiegen. Ein Schotterweg führt auf zwei eindrucksvolle Villen zu. Die zweite heißt Pituca; bei dieser Villa (**1Std12Min**) gehen Sie einen Pfad hinauf. Hier sind die Pinien durch Waldbrand vernichtet. Bei der Einmündung halten Sie sich rechts (SW). Von der Gartengrundstücksgrenze der letzten Villa haben Sie einen schönen Blick auf den Piratenturm. Sie gehen durch verbrannten Wald nach S. Der Pfad wird vorübergehend zu einem breiten Weg, am Ende der Mauer wird er jedoch wieder

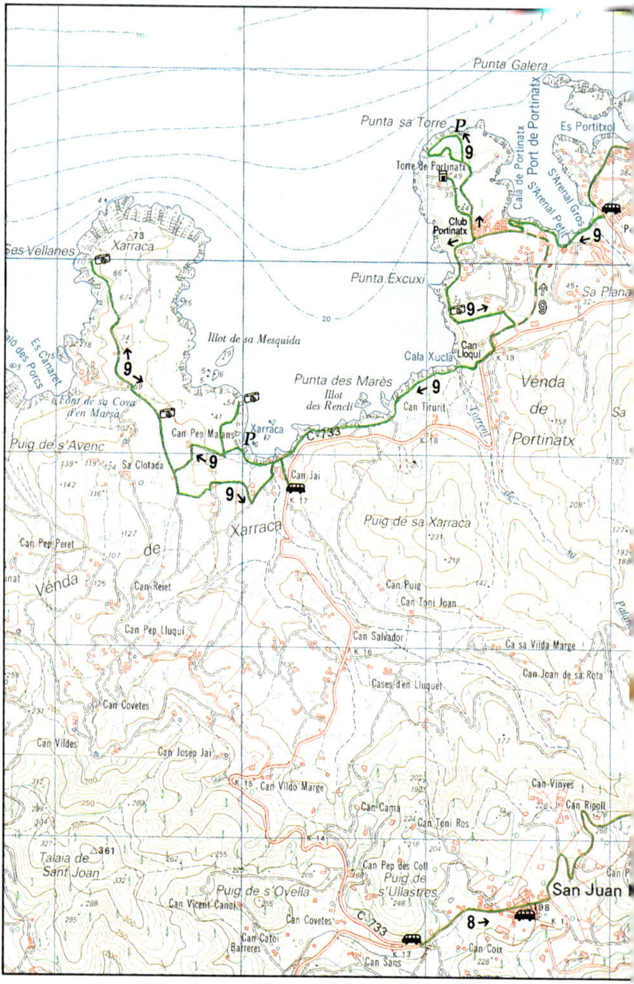

zu einem Waldpfad. Folgen Sie jetzt einem Weg landeinwärts. In Richtung O gehen Sie an den Appartements Vero Sarah vorbei. Nach **1Std21Min** halten Sie sich bei einer Einmündung rechts. Kurz vor der C733, bei einer weiteren Einmündung, halten Sie sich nochmal rechts. (Die Kurzwanderung führt nach *links* nach Portinatx zurück.) Sie folgen einem Schotterweg, der parallel zur C733 verläuft. Nach **1Std25Min** biegt dann der Schotterweg bei der Minigolfanlage Can Lloquí nach links zur Fernstraße. Folgen Sie der C733 nur ein kleines Stück bis zur Linkskehre! Hier führt ein leicht zugewachsener Pfad in Serpentinen zur Küste hinab. Ein längeres Stück verläuft nach SSW neben einer Rohrleitung.

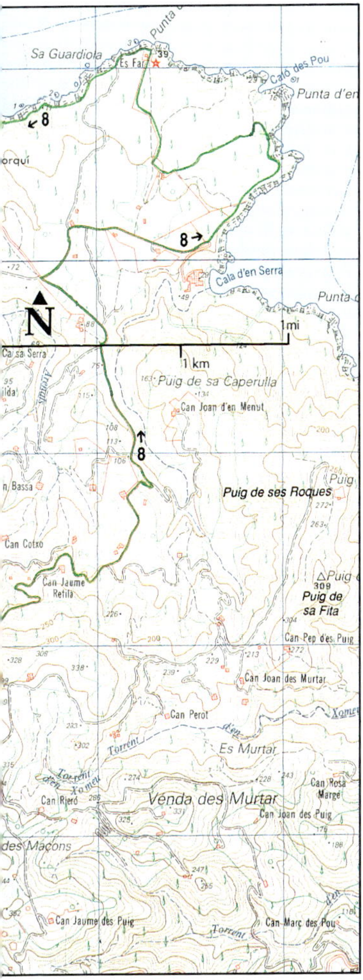

Nach **1Std33Min** erreicht der Pfad die Cala Xuclà. Über Klippenfelsen steigen Sie auf einem markierten Pfad in westlicher Richtung an. Bei der Gabelung fünf Minuten nach der Bucht nehmen Sie den unteren Pfad auf der Meerseite. Bald erreicht der Pfad eine kleine Bucht, in die man auch absteigen kann (**1Std 45Min**). Wenig später sind Sie bei dem Restaurant vor der kleinen Insel Illot des Renclí. Noch in der Bucht verläßt der Küstenpfad den Fahrweg. Man muß hier am Klippenrand etwas vorsichtig gehen. Zwei leichte Kletterstellen sind zu überwinden. Mehrfach führt der Pfad dicht an den Klippenrand heran. Nach **2Std07Min** steigen Sie über eine Treppe zu einigen Bootsschuppen hinab. Anschließend wird eine steinige Bucht überquert. Am Ende der Bucht führt eine Treppe wieder hinauf. An einer prächtigen Villa führt der Pfad nach **2Std17Min** vorbei. Auf Treppenstufen geht es dann zu der Cala Xarraca hinab.

Überqueren Sie den Strand und folgen Sie dem Küstenpfad weiter! Nach **2Std29Min** kommen Sie an eine winzige Bucht mit Bootsschuppen und buntbemalten Felsen (Picknick 9b). Hier führt ein Pfad den Hang hinauf. In drei Minuten sind Sie oben. Nehmen Sie den leicht zugewachsenen Pfad nach S! Er mündet nach **2Std35Min** auf einen breiten Weg, dem Sie nach rechts folgen. Bleiben Sie auf diesem guten Weg in Richtung NNW, und lassen Sie alle Pfade nach links und rechts unbeachtet! Es geht durch lichten Pinien- und Kiefernwald.

Nach drei Minuten trifft man auf Anbauterrassen mit Mandel-, Oliven- und Feigenbäumen. Nach einer weiteren Minute führt ein Pfad nach rechts zu einem schönen Aussichtspunkt am Klippenrand. Sie überblicken die gesamte Küste bis Portinatx. Kehren Sie zum Hauptweg zurück! Bei der Verzweigung (**2Std45Min**) folgen Sie dem guten Pfad nach rechts. Er steigt an. Sie kommen nach wenigen Minuten bei einer alten weißen Finca (Can Pep Maians) heraus.

Gehen Sie den breiten Zufahrtsweg zur Finca zurück! Er führt nach einer Rechtskehre nach W. Bei der Einmündung (**2Std53 min**) halten Sie sich rechts. In Richtung NNW gehen Sie jetzt auf einem schönen Höhenweg auf das Meer zu. Nach links passieren Sie einige Terrassengärten. Durch die Bäume kann man gelegentlich nach rechts bis zum Leuchtturm blicken. Ein nach links abzweigender Schotterweg wird ignoriert (nach fünf Minuten). Bei einer Anpflanzung verzweigt sich der Weg. Wir halten uns rechts. Zur Rechten haben Sie bald (**3Std01Min**) eine Steinmauer. Nach links blicken Sie in die Bucht Caló des Porcs hinab. Bei der nächsten Verzweigung, nach drei Minuten, halten Sie sich links abwärts, Richtung Meer. Er endet oberhalb der Felsklippen (**3Std10Min**). Eine Treppe führt zum Meer hinab.

Wir gehen zurück. Es geht wieder an dem von rechts einmündenden Weg vorbei. Bald sind Sie wieder bei den Terrassengärten (rechts) und der weißen Finca (links). Etwa 150m hinter dem Abzweig zum Can Pep zweigen Sie auf den nächsten Weg nach links ins Tal ab (**3Std29Min**). Er führt in Richtung O auf die C733 zu. Es geht durch die Bresche einer Lesesteinmauer und an einigen Anwesen vorbei. Ein Schotterweg wird überquert, und es geht über einige Gartenterrassen. Nach **3Std36Min** kommen Sie auf einen breiten Weg, auf dem Sie nach links (nach N) biegen. An einigen schönen Villen gehen Sie vorbei (z.B.Can Xarraca). Eine Einbuchtung des Weges können Sie durch einen Linksabzweig abkürzen; bei der Trafostation treffen Sie wieder auf den breiten Weg. Bald sind Sie an der Cala Xarraca (**3Std40Min**). Sie gehen jetzt den Fahrweg zur Bushaltestelle an der C733 hinauf (**3Std45Min**).

Wanderung 10: Unweit von Port de Sant Miquel liegt die kleine Cala des Multons mit Bootsschuppen. Auf hölzernen Geleisen werden die Boote ins Meer gelassen und herausgezogen.

10 PORT DE SANT MIQUEL • ILLA DES BOSC • TORRE DES MOLAR • PORT DE SANT MIQUEL

Länge/Dauer: 4km/1Std15Min **Schwierigkeitsgrad:** leicht
Ausrüstung: leichte Bergstiefel, Badesachen; siehe auch S. 24 (oben)
An- und Rückfahrt: 🚌 von Ibiza-Stadt nach/von Port de Sant Miquel, oder 🚗 Mietwagen

Diese Wanderung führt Sie zu grandiosen Aussichtspunkten über die Nordküste. Sie wandern durch Pinienwald zu einem alten Piratenturm, dessen Plattform Sie besteigen können. Dreimal haben Sie dabei die Möglichkeit zu einem erfrischenden Bad: an der Cala des Multons, auf der Südseite der Halbinsel Illa des Bosc und an der Cala de Sant Miquel.

Zu Beginn der Wanderung gehen Sie auf die Cala de Sant Miquel zu. Auf der Westseite der Bucht gehen Sie den blau markierten Küstenpfad hinauf. Beim Kiosk der Cala des Multons (**5Min**; Picknick 10) gehen Sie einen schmalen Wanderpfad das Bachtal hinauf. Er biegt nach rechts und quert das Tal (**10Min**). Sie steigen am Nordhang des Bergrückens hinauf, das Bachtal zur Linken. Sie kommen zu einer verfallenen Hütte mit blauer Holztür. Hier verzweigt sich der Weg. Sie halten sich links; der rechte Pfad führt wieder in die kleine Bucht hinab. Steigen Sie jetzt steil den Hang hinauf! In einer Rechtsbiegung führt der Pfad auf ein paar mächtige Felsen zu. Er mündet auf einen anderen Pfad (mit blauen Pfählen markiert), dem Sie nach links ansteigend folgen.

Dieser Weg mündet auf einen breiten Schotterweg, dem Sie nach rechts bergan folgen (**14Min**). Der Weg endet bei einer Villa auf einem Höhenrücken. Von der Garage der Villa, folgen Sie einem nicht sehr deutlichen Bergpfad abwärts. Sie

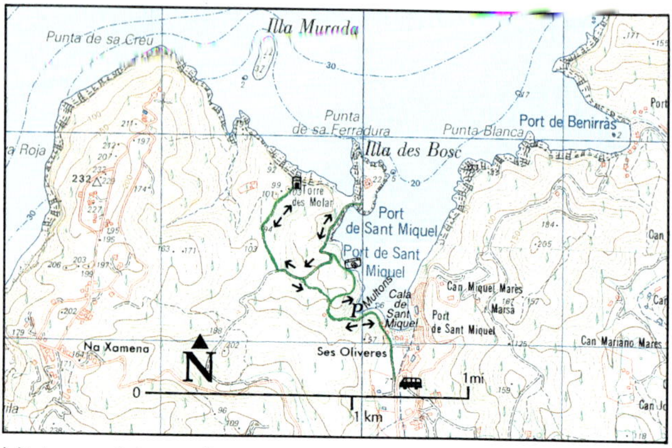

blicken auf die Halbinsel Illa des Bosc mit dem nachgebauten Piratenturm. Der leicht zugewachsene Pfad mündet nach kurzer Zeit auf einen guten Küstenpfad, dem Sie nach links folgen; nach rechts geht es wieder zur Cala des Multons. Über grobes Gestein geht es auf und ab. Nach **19Min** führt der Pfad zu einem Punkt mit großartiger Aussicht an die Klippen heran.

Die blauen Markierungen des Pfades führen Sie auf einen breiten Schotterweg, der ebenfalls blau markiert ist. Folgen Sie ihm nach rechts abwärts! Von der anderen Seite des Tales grüßt der Torre des Molar bereits herüber. In einem Bachtal macht der Schotterweg eine scharfe Rechtsbiegung (**22Min**). In eine kleine Bucht mit einem älteren Haus und Bootsschuppen blicken Sie hinab. Kurz darauf blicken Sie auch in die Cala de Sant Miquel hinein. Sie gelangen schließlich an den Strand der kleinen Halbinsel Illa des Bosc.

Der Zutritt zur Illa des Bosc ist leider verboten. Sie gehen zunächst steil bergan denselben Weg zurück. Nach **29Min** sind Sie wieder in der Haarnadelkurve im Bachtal. Folgen Sie dem blau markierten Weg steil hinauf! Auf einer Rippe macht der Weg eine Rechtsbiegung. Steigen Sie auf der Rippe weiter hinauf! Auf der Paßhöhe mündet von links ein Schotterweg ein (Ihr späterer Rückweg). Vom Sattel geht es noch ein Stück höher hinauf zu einer Verzweigung, wo Sie dem breiten, blau markierten Weg durch einen lichten Nadelwald folgen. Nach **41Min** sind Sie beim noch gut erhaltenen Torre des Molar, er stammt aus dem 18.Jhd. und bietet herrliche Ausblicke.

Sie gehen zunächst denselben Weg zurück. Nach **48Min** sind Sie auf der Kuppe, wo der Weg zum Turm auf den Schotterweg mündet. Halten Sie sich links! Bei der kurz darauffolgenden nächsten Verzweigung halten Sie sich rechts; von links sind Sie gekommen. Durch lichten Wald wandern Sie in ein Tal etwas steil bergab. Nach **54Min** sind Sie wieder bei dem Haus, das Sie schon vom Hinweg kennen. Gehen Sie jetzt denselben Bergpfad hinunter, den Sie gekommen sind. Nach **1Std09Min** sind Sie wieder an der Cala de Sant Miquel.

11 VON SAN ANTONIO NACH TALAMANCA

Die Karte beginnt auf Seite 76, setzt sich auf den Seiten 70-71 und 46-47 fort und endet auf Seite 36-37.

Länge/Dauer: 16km/4Std20Min

Schwierigkeitsgrad: leicht, aber ziemlich lang

Ausrüstung: leichte Bergstiefel, Trinkwasser, Proviant; siehe auch Seite 24 (oben)

Anfahrt: 🚌 nach San Antonio

Rückfahrt: ⛴ von Talamanca nach Ibiza-Stadt, dann 🚌

Kurzwanderung: Folgen Sie der Hauptwanderung soweit Sie möchten, und gehen Sie auf demselben Weg nach San Antonio zurück!

Auf dieser Wanderung quer über die Insel erfahren Sie, wie klein Ibiza ist. Von der Westküste der Insel wandern Sie in einer bequemen Halbtagestour zur Hauptstadt im Südosten. An windstillen, heißen Sommertagen ist diese Wanderung wegen der Hitze nicht zu empfehlen.

Von der der Bushaltestelle in San Antonio **gehen Sie zunächst** auf dem Promenadenweg am Meer entlang nach O. Am kleinen Strand von San Antonio biegt der Promenadenweg nach SO. Bei der Bar Zinema, wo die Straße schon fast nach S verläuft, überqueren Sie sie. Folgen Sie dem wenig befahrenen asphaltierten Feldweg in Richtung SO (**12Min**)! Die Ränder des Weges sind mit hohem Fenchel bewachsen; rechts verläuft ein betoniertes Flußbett. Hinter dem Restaurant Es Regueró folgen Sie dem Weg in einer Rechtsbiegung. Er verläuft jetzt in Richtung SSO. Sie gehen durch landwirtschaftlich genutztes Gebiet. Auf den Feldern wachsen zahlreiche Feigenbäume. Nach **27Min** gehen Sie durch einen ländlichen Vorort von San Antonio und überqueren die Hauptstraße nach San José. Zu Ihrer Linken verläuft das Bachtal des Regueró.

Diesem Flußlauf folgen Sie längere Zeit und lassen alle Abzweige nach links und rechts unbeachtet. Sie gehen durch ein ländliches Gebiet, in dem Wein und Mandeln angebaut werden. In der Ferne erblicken Sie den Berg Sa Talaiassa mit dem Sendemast (Wanderung 7). Der Weg steigt leicht an. Ihre Gehrichtung ist SO. Im weiteren Verlauf entfernt sich der Weg etwas vom Bachtal. Nach **51Min** zweigt nach links ein Weg zur Finca May ab. Sie gehen auf dem Camí Ramal de Benimussa geradeaus weiter. In sanften Kehren windet sich der gute Weg durch Johannisbrot- und Mandelbäume bergauf. Sie gehen an einem Wasserbecken vorbei (**1Std02Min**); später liegt links eine hübsche Villa. Bei der Überquerung eines Schotterweges haben Sie das jetzt tiefe Bachtal zur Linken.

Ein kleiner Abstecher am Ende der Wanderung führt zu dieser Windmühle auf dem Puig d'en Valls hinauf.

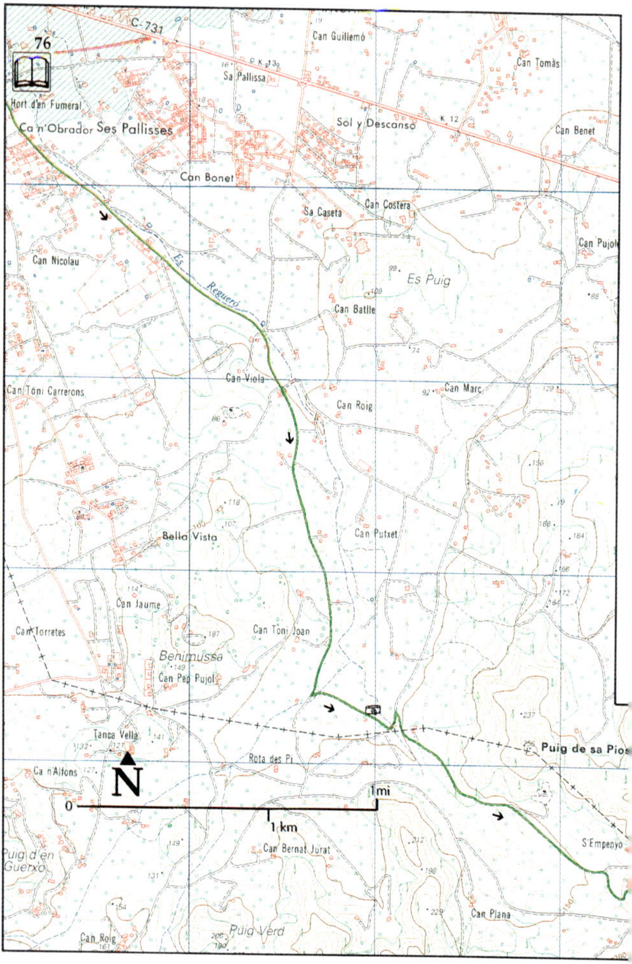

Nach **1Std20Min** gehen Sie unter der Hochspannungsleitung hindurch. Eine Minute später biegt der asphaltierte Weg nach rechts. Hier zweigen Sie nach links auf einem Schotterweg ab. An einer Pumpstation gehen Sie vorbei. Die Felder gehen allmählich in Wald über; der Anstieg wird etwas steiler. Rechts ein eingezäuntes Grundstück (**1Std26Min**). Nach links haben Sie einen schönen Blick zum Berg Nunó hinüber. Mächtig erhebt sich die Serra Grossa vor Ihnen. Nach **1Std33Min** macht der Weg eine Rechtskehre. Hier zweigen Sie nach links ab. Dieser Weg führt in Kehren (Hauptrichtung SO) zur Paßhöhe hinauf . Sie gehen über Anbauterrassen, das Bachtal zur Rechten. Kurz vor der Paßhöhe Coll des Rossellons links das hübsche Anwesen S'Empenyo.

Nach Überqueren der Paßhöhe (**1Std44Min**) haben Sie ein

weites Tal vor sich. Auf einem breiten Schotterweg gehen Sie ONO bergab. Alle Wege nach links und rechts lassen Sie unbeachtet. Nach **1Std57Min** finden Sie bei einem alten Johannisbrotbaum links die rote Markierung 75. Danach macht der Weg eine Rechtsbiegung. Nach **2Std24Min** biegt der Weg nach links, auf die andere Seite des Torrent des Fornas. Hier zweigen Sie nach rechts ab und bleiben auf der orographisch rechten Talseite (Gehrichtung O). Bei einer Kreuzung gehen Sie geradeaus weiter (**2Std31Min**); unter der Hochspannungsleitung gehen Sie fünf Minuten später hindurch. In einer langgezogenen Rechtskehre biegt der Weg nach SO. Einige Minuten folgt die Hochspannungsleitung Ihrem Weg. Dann biegt sie nach rechts weg (**2Std44Min**). Sie sehen bereits die Berge Sa Talaia und Guixar vor sich (Wanderung 2). Rechts begrenzt eine höhere, links eine niedrige Lesesteinmauer Ihren Weg.

In einer scharfen Linksbiegung geht es nach **2Std55Min** ein Stück nach N. Bei einer Trafostation überquert der Weg das Tal, das jetzt zu Ihrer Rechten liegt. Sie hören jetzt die Motorgeräusche der nicht mehr fernen C731 nach San Antonio. Folgen Sie jetzt nicht dem Hauptweg zur Straße, sondern gehen Sie auf einem Pfad am Flußtal weiter direkt auf die Altstadt zu! Es ist ein schöner alter Pfad zwischen verfallenen Steinmauern. Vor der Straße steigen Sie nach rechts ins Flußtal hinab. Unterqueren Sie die Straße im Flußbett, und steigen Sie auf der anderen Seite nach links zu einem Schotterweg an. Sie gehen jetzt genau auf den Berg Sa Talaia zu. Ihr Weg führt nach O auf einen Steinbruch zu. Bei einem alten Windrad queren Sie dann das Flußbett nach rechts und gehen auf dem Weg rechts vom Tal weiter. In Kehren führt dann der Weg in Richtung Meer. Dann biegt er nach rechts und führt wieder auf die Dalt Vila zu. Nach drei Minuten mündet der Weg auf einen asphaltierten landwirtschaftlichen Weg, dem Sie nach rechts folgen. Sie kommen durch das Wohngebiet Puig d'en Valls (**3Std34Min**). In dem Restaurant JH sollten Sie die Mittagsrast einlegen.

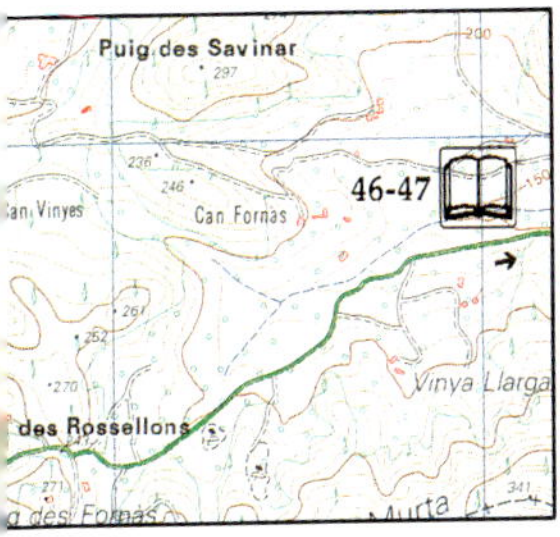

Bevor Sie nach Talamanca hinunterwandern, statten Sie der Windmühle (Foto Seite 69) einen Besuch ab. Vor den Gastanks zweigen Sie dann auf einen Pfad nach rechts ab. Durch verfallene Anbauterrassen gehen Sie auf das Meer zu (**3Std 50Min**). Sie überqueren eine Asphaltstraße, gehen durch ein Industriegebiet und queren beim »Cash und Carry« die vierspurige Straße nach Santa Eulalia. Kurz darauf überqueren sie noch eine breite Straße und biegen dann vor dem Kanal nach rechts. Beim Casino treffen Sie auf die Hafenpromenade. Auf ihr gehen Sie bis zur Anlegestelle Talamanca (**4Std20Min**).

12 DIE BUCHTEN WESTLICH VON SAN ANTONIO

Länge/Dauer: 6,5km/2Std35Min

Schwierigkeitsgrad: leicht

Ausrüstung: leichte Bergstiefel oder Turnschuhe mit Profilsohlen, Proviant, Trinkwasser, Badesachen; siehe auch Seite 24 (oben)

Anfahrt: 🚌 von San Antonio zur Cala Bassa
Rückfahrt: Cala Tarida-🚌 von der Cala Codolar nach San Antonio

Kurzwanderung: Folgen Sie der Hauptwanderung bis zur Cala Conta (3km/1Std09Min), und fahren Sie von dort mit dem Bus nach San Antonio zurück!

Diese Küstenwanderung führt Sie zu der malerischen Westküste der Insel. Sie erleben steile Felsküsten und liebliche Sandbuchten. Wenn ein leichter Wind geht, ist es auch im Hochsommer für diese Wanderung nicht zu heiß.

Von San Antonio fahren Sie mit dem Bus in 20Minuten zur Cala Bassa. In der Hochsaison ist die kleine Badebucht überfüllt. **Sie beginnen die Wanderung**, indem Sie auf einem steinigen Pfad hinter der Bucht ansteigen. Sie blicken dabei über die Cala de San Antonio auf die Hotels der Stadt. Nach **15Min** wendet sich der Pfad etwas von der Küste ab. Es geht bald wieder bergab. Kurz darauf (**19Min**) blicken Sie in die Bucht Cala Roja hinein. In einiger Entfernung steht der alter Piratenturm, der auf Seite 74 Abgebildet ist. Auf der vorgelagerten Insel Conillera sehen Sie deutlich den Leuchtturm. In dieser Küstenlandschaft sind Sie auch zur Hochsaison allein. Auf der Hochfläche finden Sie zahlreiche sonnige oder auch schattige Picknickplätze (Picknick 12).

Wenn Sie weiter an der Küste entlanggehen —das Meer liegt zu Ihrer Rechten — so gehen Sie bitte nicht zu dicht an

Über tief eingeschnittene fjordähnliche Buchten blickt man auf den Märchenfelsen Es Vedrà.

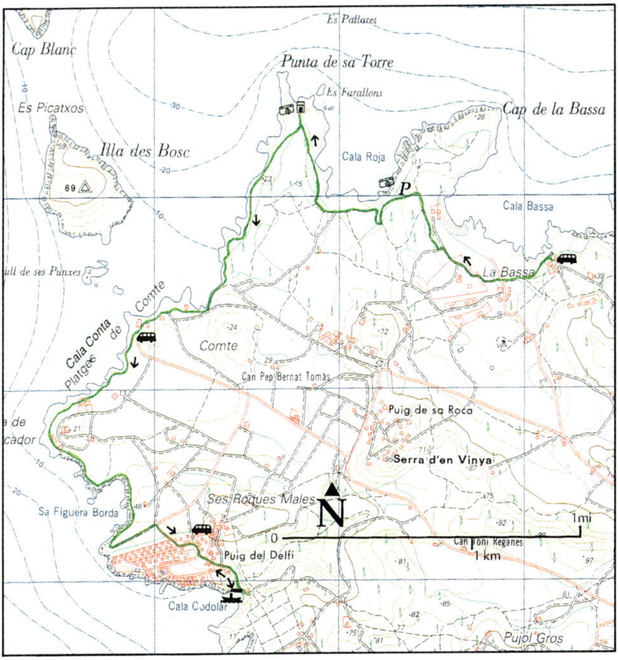

die Abbruchkante heran! Es befinden sich gehobene Brandungshohlkehlen darunter, und die Deckschicht könnte möglicherweise abbrechen! Die Küstenlandschaft ist atemberaubend. Auch in der Hochsaison genießen Sie hier Ruhe und Einsamkeit unweit eines überfüllten Badeplatzes. Nach **30Min** liegen der Piratenturm und der dahintergelegene Leuchtturm in einer Richtung.

Sie kommen auf einem Fahrweg, verlassen ihn aber nach **36Min** und gehen weglos nach rechts. Sie steigen zu einem Bootsschuppen hinab. In vier Minuten haben Sie ihn erreicht. In dem kristallklaren Wasser können Sie ein erfrischendes Bad nehmen. Danach gehen Sie weiter auf den Piratenturm zu (**44Min**). Vom Piratenturm blicken Sie bereits in die Nachbarbucht Cala Conta hinein.

Vom Piratenturm gehen Sie zunächst auf den Weg zurück. Wenn Sie aus dem Wäldchen heraustreten, haben Sie einen freien Blick auf die Bucht. Auf dem Fahrweg zweigen Sie jetzt nach rechts ab. Bei der Gabelung (**50 min**) halten sie sich rechts. Drei Minuten später zweigt der Fahrweg nach links ab, Sie gehen geradeaus weiter und kommen an einen schönen schmalen Pfad. Er führt durch ein Pinienwäldchen. Danach befinden Sie sich auf einer weiten Fläche, in deren Mitte ein einsamer Feigenbaum steht. Am Ende der Fläche folgen Sie dem kleinen Pfad nach rechts. Sie gehen direkt auf das Meer zu. Bald darauf folgen Sie dem Küstenpfad nach links und

Sehr gut erhalten ist der Piratenturm westlich der Cala Roja.

blicken auf die nächste im Sommer viel besuchte Badebucht Cala Conta. Über das Meer blicken Sie auf die unbewohnten Inseln Bosc, Espart, Gorra, Baxell, Plana. An der Cala Conta (**1Std09Min**) empfehle ich Ihnen eine Rast mit einem Bad.

Danach verlassen Sie die Cala Conta und gehen nach s weiter. Die Villen Ca'n Ruyana müssen Sie dabei umgehen (**1Std17Min**). Hinter der weißen Villa umgeht der Weg ein arabisch anmutendes Anwesen mit sehr schönen Palmen. Sie müssen die Villa Ca'n Embarcador ebenfalls auf der Landseite umgehen. Der nächste Prunkbau heißt El Oasis. Danach folgen noch einige weitere Paläste. Leider führt der Küstenpfad nicht am Meer, sondern auf der Rückseite dieser Prachtvillen entlang.

Anschließend führt der Weg um eine Bucht herum. Bei den nächsten Häusern kann man zum Glück auf der Meerseite auf einem schmalen Pfad zwischen der Küste und der Grundstücksgrenze wandern. Es folgt eine Ferienkolonie in Reihenhausbauweise. In langer Kette erstrecken sich die Häuser bis zum Meer hinunter. Schließlich erreichen Sie die Bungalowanlage Club Delphin (**2Std07Min**), zu der auch die Reihenhäuser gehören.

Kurz darauf befinden Sie sich oberhalb der Cala Codolar. In die Bucht führt eine Treppe hinab. Hier haben Sie nochmals eine schöne Bademöglichkeit (**2Std25Min**). Vom Strand bis zur Bushaltestelle am Ortsausgang gehen Sie 10 Minuten (**2Std35Min**). Mit dem Bus fahren Sie nach San Antonio zurück. Zur Hauptsaison können Sie auch das Boot nehmen.

13 KÜSTENPFAD ZUR CALA SALADA

Länge/Dauer: 8,5km/2Std45Min **Siehe Stadtplan Seite 29**

Schwierigkeitsgrad: leicht, an einer Kletterstelle ist Trittsicherheit erforderlich

Ausrüstung: leichte Bergstiefel oder Turnschuhe mit Profilsohlen, Proviant, Trinkwasser, Badesachen; siehe auch Seite 24 (oben)

An- und Rückfahrt: 🚌 nach/von San Antonio

Kurzwanderung: Folgen Sie der Hauptwanderung soweit Sie möchten, und gehen Sie auf demselben Weg zurück!

Auf einem schönen Küstenpfad lernen Sie die Buchten nördlich von San Antonio kennen. Sie haben mehrere Bademöglichkeiten; infolge des Seewindes ist es auch im Sommer für diese Tour nicht zu heiß.

Sie beginnen die Wanderung am Hafenbecken von San Antonio. Gehen Sie von der Bushaltestelle zunächst den Carrer del Mar hinauf. Auf dem Carrer de Cervantes biegen Sie nach links. An der Kreuzung mit der Avenida Isidor Macabich (»Carretera de Circunvalación« auf dem Stadtplan Seite 29) biegen Sie wieder nach rechts bis zum Carrer de Santa Rosalia. Jetzt verlassen Sie die Stadt nach W auf das Meer zu. An dem felsigen Caló des Moro erreichen Sie die Küste.

Gehen Sie auf dem schmalen Küstenpfad immer am Meer entlang! Hinter den Felsen Roca Baixa und dem Cap Blanc erreichen Sie die kleine Sandbucht Cala Gració (**29Min**). Wenig später kommen Sie an einer weiteren kleinen

Diese steilen geschichten Felsklippen bilden den Umkehrpunkt der Wanderung.

Badebucht vorbei. Unmittelbar dahinter liegt eine Wasserskischule (**37Min**). Dort müssen Sie einen Meter hochsteigen, dann haben Sie den kleinen Küstenpfad vor sich. Rechts liegen einige Bootsschuppen. Nach rechts zweigen immer wieder Wege zu den Villen ab. Sie bleiben auf dem schmalen Küstenpfad. Auf dem verkarsteten Gelände ist er nicht immer leicht auszumachen.

Nach **45Min** biegt der Küstenpfad hinter einer Villa ein kleines Stück nach rechts. Auf dem verkarsteten Boden müssen Sie etwas vorsichtig gehen, um nicht zu stolpern. An einer kleinen Bucht ohne Sandstrand gehen Sie bald darauf vorbei (**50Min**). Hinter der Bucht ist der Pfad etwas zugewachsen. Gehen Sie dicht an die Abbruchkante der Klippen heran! Sie gehen direkt auf eine Villa zu, die hoch oben auf der Klippe liegt. Es gibt hier zahlreiche Möglichkeiten für ein Picknick (Picknick 13).

Sie kommen an einem kleinen Restaurant vorbei und gehen an dessen Terrasse entlang. Der Pfad verläuft jetzt wieder ganz dicht an den Küstenklippen. Dort finden Sie auch die Markierungen zur Landvermessung. Ältere Gebäude in typisch ibizenkischem Stil mit runderen Formen sehen Sie hier. Diese gemauerten Bauwerke wirken wesentlich hübscher als die modernen Villen aus Beton. Einen schönen Blick auf die Landzunge Punta de sa Galera haben Sie nach **1Std04Min**. In der frühen Nachmittagssonne sind die Klippen besonders schön beleuchtet.

An zwei Häusern vorbei führt der Küstenpfad dann bergab (**1Std13Min**). Bei einer weißen Mauer, die ein Grundstück begrenzt, mündet der Küstenpfad jetzt auf einen Fahrweg. Folgen Sie dem Fahrweg ein kleines Stück bergab! Verlassen Sie ihn aber bald wieder nach links, und folgen Sie ihm *nicht* landeinwärts! Sie müssen gleich darauf ein paar Meter über Erdreich hinunterklettern. (Wenn Ihnen die Kletterei zu schwierig erscheint, kehren Sie lieber um — 10 Minuten vor dem Ende des Pfades.) Wenn Sie die Kletterei hinter sich gebracht haben, treffen Sie unten wieder auf einen guten Küstenpfad. Wenig später sind Sie bei den hohen Felsklippen der Cala Salada, wo der Pfad endet (**1Std22Min**; Foto Seite 75). Gönnen Sie sich eine Rast! Sie können auch noch ein Bad nehmen, müssen aber auf den Felsen auf Seeigel achten.

Sie gehen dann denselben Weg zurück. Die Kletterstelle ist zurück leichter zu bewältigen, da es sich ja um einen Anstieg handelt. Genießen Sie auf dem Rückweg die prachtvollen Ausblicke auf San Antonio und die Insel Sa Conillera!

Die Küstenpfade sind highlights in den Wanderungen auf Ibiza. Hier sehen Sie die Strecke zwischen der Cala Xuclà und der Cala Xarraca auf Wanderung 9.

14 SANTA INES • PENYA ESBARRADA • SANTA INES

Länge/Dauer: 5,5km/2Std

Schwierigkeitsgrad: leicht, auf dem Küstenpfad ist Trittsicherheit erforderlich

Ausrüstung: leichte Bergstiefel, Trinkwasser; siehe auch S. 24 (oben)

An- und Rückfahrt: 🚌 von Ibiza-Stadt oder San Antonio (nur in der Hauptsaison) nach/von Santa Inés, oder 🚗 Mietwagen

Kurzwanderung: Wandern Sie bis zum Aussichtspunkt (35Min), gehen Sie dann denselben Weg nach Santa Inés zurück! (3km/1Std10Min; leicht)

Diese Wanderung durch den einsamen Nordwesten Ibizas führt Sie zunächst durch ländliches Anbaugebiet und anschließend durch eine einzigartige Küstenlandschaft. In der Penya Esbarrada fühlen Sie sich wie im Hochgebirge.

Sie beginnen Sie die Wanderung indem Sie an der Cafeteria Can Cosmí nach W gehen. Der Anfang des Weges ist braun (Metallpfähle) markiert. Sie gehen in Richtung W und lassen alle Abzweige nach rechts und links unbeachtet. Nach **9Min** zweigt ein Weg steil hinauf zum Anwesen Can Valor ab. Sie halten sich links und gehen auf das Küstengebirge zu. Nach **20Min** kommen Sie an einer alten halbverfallenen Finca vorbei. Der Schotterweg steigt etwas an. Drei Minuten nach der Finca erreicht er seinen höchsten Punkt. Beim Abstieg blicken Sie auf eindrucksvolle Felsformationen im Küstengebirge. Aus dem Meer taucht vor Ihnen die Insel Ses Margalides auf. Der Schotterweg führt durch ein Wäldchen und anschließend durch Anbauterrassen. Links und rechts steht jeweils eine hübsche Finca. Wein wird hier angebaut.

Nach **35Min**, bei einer Aussichtsplattform (Picknick 14) gehen Sie nach N und dann W einen durch rote Pfeile gekennzeichneten Pfad steil zum Meer hinunter. Bei einer Verzweigung (vier Minuten bergab) halten Sie sich rechts und folgen den roten Pfeilen. Sie blicken auf eine Felsbucht mit dem

Eine aus Felsteinen erbaute Finca mit Backofen ist nicht mehr bewohnt.

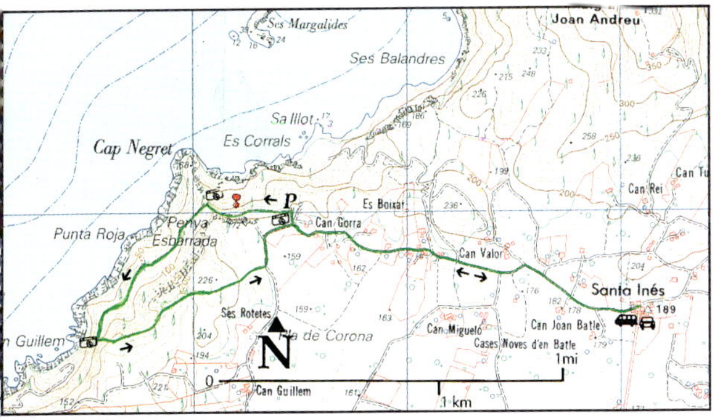

vorspringenden Cap Negret hinunter. Jetzt sehen Sie zwei weitere Felsen im Meer (Es Corrals und Sa Illot). Die Felswände erinnern an die Dolomiten. Der Weg wird im Verlauf besser, er verläuft eben durch Wald am Hang entlang. Sie gehen direkt auf die senkrechten Felswände zu. Ein Abzweig führt zu Anbauterrassen am Meer hinunter. Sie gehen auf dem Hauptweg geradeaus weiter.

Es folgen zwei etwas ausgesetzte Wegstellen, die mit Vorsicht begangen werden müssen. Nachdem der Pfad eine Felsbarriere gequert hat, können Sie auf die Insel Sa Conillera mit dem Leuchtturm blicken. Der baumbestandene hohe Berg vor Ihnen ist der Nunó (255m). Nach **55Min** müssen Sie sich bei einer Verzweigung rechts halten. Steigen Sie zu der verfallenen Finca unten am Hang ab! Auf einem Stein bei der Finca finden Sie wieder einen roten Pfeil. Die roten Markierungen führen Sie zu Anbauterrassen (**1Std01Min**). Sie werden in dem steilen Gelände durch hohe Mauern abgestützt. Bei einem Wasserbecken findet man eine rote Markierung mit der Zahl 20. Gehen Sie neben einer Mauer durch hohe Fenchelstauden hindurch. Wenn Sie schwindelfrei sind, können Sie auf der steil zum Meer abfallenden Mauer vorsichtig weitergehen.

Am Ende der Mauer führt der Pfad wieder steil hinauf. Bald blicken Sie in eine Bucht hinab. Corrals d'en Guillem heißt dieser Küstenabschnitt. Nach **1Std08Min** kommen Sie an einen Punkt, an dem mehrere Pfade zusammentreffen. Ihr Pfad zieht sich in Richtung NO den Hang hinauf, um die 200m hohen Penya Esbarrada zu übersteigen. Folgen Sie den Pfeilmarkierungen! Sie zeigen jetzt in Gegenrichtung. Sie sehen einen alten Brunnen und später einen Kalkbrennofen am Pfad. Nach **1Std23Min** geht es ohne Steigung durch den Wald.

Nach Überschreitung der Bergkette geht es wieder leicht bergab. Nach **1Std30Min** trifft der Pfad auf einen breiten Waldweg. Folgen Sie ihm nach links in Richtung N! Sie kommen schnell wieder zu dem Plateau, wo der rot markierte Wanderpfad beginnt. Sie gehen jetzt denselben Weg zurück (**2Std**).

15 VON SANTA EULALIA ZUR CALA LLONGA

Länge/Dauer: 8km/2Std05Min

Schwierigkeitsgrad: etwas anstrengend

Ausrüstung: leichte Bergstiefel, Badesachen, Proviant, Trinkwasser, lange Hose; siehe auch Seite 24 (oben)

Anfahrt: 🚌 nach Santa Eulalia (oder ⛴)
Rückfahrt: 🚌 oder ⛴ von der Cala Llonga

Kurzwanderung: Wenn Sie den etwas anstrengenden Aufstieg vermeiden möchten, so wandern Sie bis zur Villa La Torre an der Punta Blanca. Gehen Sie dann denselben Weg nach Santa Eulalia zurück (6km/1Std30Min).

Diese Wanderung folgt in ihrem Kernstück, dem Höhenweg, einem uralten Pfad, der heute rot markiert ist. Sie wandern in völliger Einsamkeit von einem Touristenzentrum zum anderen.

Vom Busbahnhof in Santa Eulalia **gehen Sie zunächst** zum Meer hinunter. Auf der Strandpromenade gehen Sie nach rechts in Richtung SW. Am Ende der Promenade gehen Sie über eine Sandfläche. Nach rechts haben Sie einen schönen Blick auf die alte Kirche von Santa Eulalia. An den Hotels Mar Sol und Río Mar gehen Sie auf der Seeseite vorbei. Nach **9Min** kommen Sie an die Mündung des Riu de Santa Eulàlia. Auf einer kleinen Holzbrücke überqueren Sie den Fluß (Picknick 15; Foto Seite 83).

Auf beiden Seiten des Flusses führen Promenadenwege landeinwärts. Bei der Pumpstation zweigt ein Weg nach rechts ab. Gehen Sie den gepflasterten Promenadenweg hinauf. Danach geht es zum Meer hinunter. Ein schöner Strand folgt. Das Hotel Siesta Playa haben Sie bald hinter sich gelassen.

Jetzt wandern Sie auf dem Küstenpfad. Als markantes Wegzeichen sehen Sie den gemauerten Steinmann mit einem Holzpflock auf der Spitze (Foto gegenüber). Der schöne Küstenpfad führt in ein Kiefernwäldchen hinein. Bald kommen Sie an eine Verzweigung. Ein Abzweig biegt nach rechts ab. Halten Sie sich links, und bleiben Sie auf dem Pfad an der Küste! Nach einer Minute verzweigt sich der Pfad nochmals. Auch hier bleiben Sie links am Wasser. Sie kommen dabei sehr dicht an die Klippen heran. Wenn Sie die Aufschrift »Toni« auf einem Stein lesen, müssen Sie nach rechts abbiegen. Sie kommen dann auf einen breiten Fahrweg (**29Min**). dem Sie nach links folgen.

Der Weg führt an dem Haus La Ventana vorbei und steigt etwas an. Die kleinen Pfade, die nach links zur Küste abzweigen, ignorieren Sie. Bleiben Sie auf dem breiten Fahrweg! In südlicher Richtung blicken Sie auf einen neu erbauten Wehrturm. Er gehört zur Villa La Torre an der Punta Blanca. Hier weht oft die belgische Flagge. Nach **39Min** zweigt nach links ein betonierter Fahrweg ab. Folgen Sie ihm nicht! Er führt zu dem Anwesen Es Baladres. (Etwa 20m weiter geht es wieder nach links zu demselben Anwesen.) Sie folgen

Bei dieser unübersehbaren Wegmarkierung beginnt der Küstenpfad.

weiter dem Fahrweg, der hier an einer Steigung betoniert ist. Fünf Minuten später sind Sie hoch über dem Meer.

Ein Rechtsabzweig führt zu einem verfallenen Haus. Ignorieren Sie ihn! Kurz darauf (**44Min**) geht es nach links zu der Villa La Torre mit dem Piratenturm und der belgischen Flagge hinunter. (Hier endet die Kurzwanderung; gehen Sie auf demselben Weg nach Santa Eulalia zurück!) Etwa 100m vor dem Eingangstor biegen Sie nach rechts auf einen Pfad ab. Sie erklimmen die Klippenfelsen, und es geht dicht an die Abbruchkante heran. Sie blicken in eine felsige Bucht ohne Strand hinunter (Cala Blanca). Im Tal sehen Sie den Eingang eines Tunnels, der zur Cala Blanca führt — der einzige Zugang zur Bucht. Nach **57Min** erreicht der Pfad die Talsohle. Bevor Sie die Wanderung in diesem Tal fortsetzen, sollten Sie einmal nach links bis zur Abbruchkante und zum anderen durch den Tunnel gehen. Sie brauchen dazu keine Taschenlampe. Wenn das Meer nicht allzu bewegt ist, können Sie an der felsigen Cala Blanca ein Bad nehmen.

Gehen Sie durch den Tunnel zurück, und steigen Sie in dem Tal in Richtung WNW an! Ein schöner Bergpfad zieht durch das dichtbewachsene Tal hinauf. Nach **1Std15Min** verbreitert sich der Pfad zu einem Weg. Er zieht sich steil bergan. Ein Linksabzweig wird nach **1Std22Min** ignoriert. Fünf Minuten später (**1Std27Min**) stehen Sie auf einem Sattel, auf dem vier Wege zusammenlaufen. Sie steigen den Pfad in südlicher Richtung zwischen zwei kleinen Gebäuden hinauf. Das linke ist ein Wasserschloß. Der Weg nach SO trägt die Markierung »Aus«. Ihr Pfad ist durch einen Metallpfahl mit blauer Farbe markiert.

Auf einem zusätzlich rot markierten Pfad steigen Sie zum Kamm des Puig Marina hinauf. An einem halbverfallenen Kalkbrennofen geht es nach **1Std30Min** vorbei. Lassen Sie alle Abzweige nach links und rechts unbeachtet, und folgen

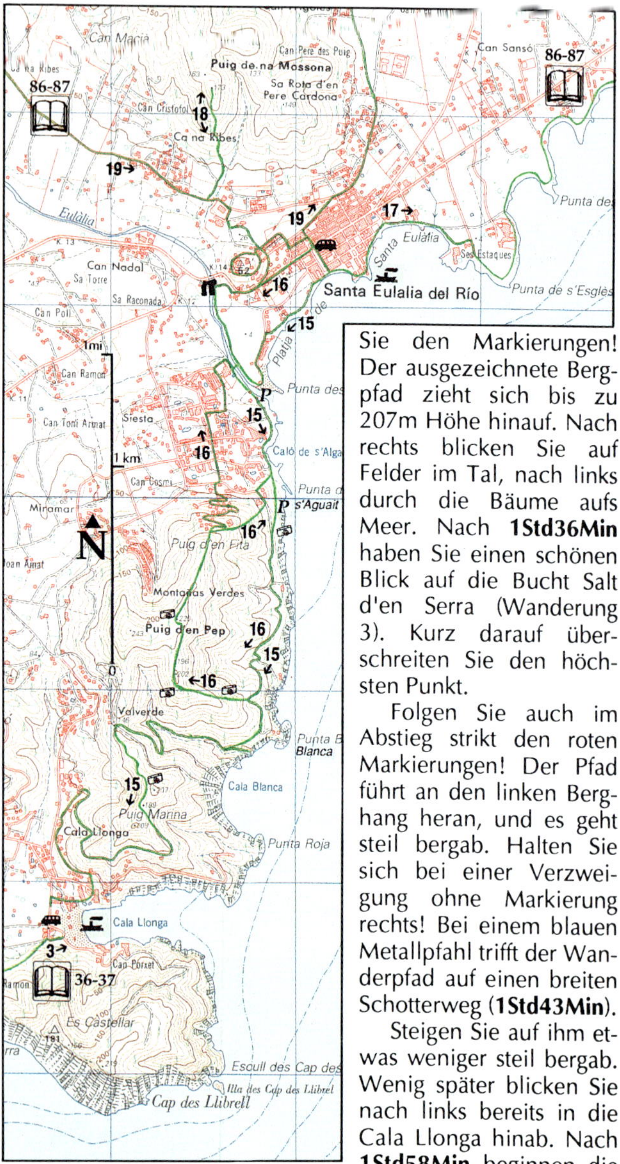

Sie den Markierungen! Der ausgezeichnete Bergpfad zieht sich bis zu 207m Höhe hinauf. Nach rechts blicken Sie auf Felder im Tal, nach links durch die Bäume aufs Meer. Nach **1Std36Min** haben Sie einen schönen Blick auf die Bucht Salt d'en Serra (Wanderung 3). Kurz darauf überschreiten Sie den höchsten Punkt.

Folgen Sie auch im Abstieg strikt den roten Markierungen! Der Pfad führt an den linken Berghang heran, und es geht steil bergab. Halten Sie sich bei einer Verzweigung ohne Markierung rechts! Bei einem blauen Metallpfahl trifft der Wanderpfad auf einen breiten Schotterweg (**1Std43Min**).

Steigen Sie auf ihm etwas weniger steil bergab. Wenig später blicken Sie nach links bereits in die Cala Llonga hinab. Nach **1Std58Min** beginnen die Hotelanlagen; der Fahrweg ist hier asphaltiert. Ein Linksabzweig nach La Brisa und Dangos bleibt unbeachtet. Bei der nächsten Verzweigung halten Sie sich links und gehen am Restaurant Zebra vorbei. Vom Restaurant Shanghai folgen Sie dem Schild zur »Playa« (Strand). Nach **2Std05Min** sind Sie im Zentrum von Cala Llonga.

16 PUIG D'EN PEP

Länge/Dauer: 7km/2Std05Min **Siehe Karte gegenüber**
Schwierigkeitsgrad: leicht, jedoch steiler An- und Abstieg
Ausrüstung: leichte Bergstiefel, Trinkwasser; siehe auch S. 24 (oben)
An- und Rückfahrt: 🚌 nach/von Santa Eulalia (oder ⛴)
Kurzwanderung: Siehe Kurzwanderung 15, Seite 80.

Diese Wanderung führt auf den 220m hohen Hausberg von Santa Eulalia. Sie erleben Waldeinsamkeit und einzigartige Ausblicke. **Sie beginnen die Wanderung** im Zentrum von Santa Eulalia, indem Sie der Hauptstraße in westlicher Richtung folgen. In der Rechtsbiegung der Straße zweigen Sie nach links zur römischen Brücke ab (Foto Seite 90). Auf dem gepflasterten Promenadenweg gehen Sie bis zur Holzbrücke an der Flußmündung. Überqueren Sie den Fluß auf der Holzbrücke (**12Min**)! Auf der Promenade gehen Sie anschließend in Richtung Siesta weiter. Auf dem breiten Küstenwanderweg sind Sie bald am Strand von Siesta (**18Min**). Bei dem markanten Steinmann, der auf Seite 81 abgebildet ist, beginnen der Küstenpfad. (Wanderung 15 folgt der gleichen Route.) Folgen Sie dem steinigen Küstenpfad bergauf! Nach links zweigen immer wieder Pfade zum Meer ab. Bei der Punta de s'Aguait finden Sie mehrere schöne Picknickplätze (**30Min**; Picknick 16).

Wenn Sie die Aufschrift »Toni« auf einem Stein lesen, biegen Sie nach rechts auf einen breiten Fahrweg ab. Auf diesem breiten Weg finden Sie blau markierte Metallpfähle. Folgen Sie diesem Weg durch den Wald bis zur Gabelung an der Punta Blanca. (Hier biegt Wanderung 15 nach links zur Villa La Torre mit einem nachgebauten Wehrturm, auf dem meist die belgische Flagge weht, hinunter.) Nach rechts zieht sich der Fahrweg steil hinauf (**45Min**). Die blauen Pfähle markieren diesen Wanderweg. Außerdem findet man eine rote Markierung an Steinen. So können Sie das Schild »privado« ignorieren. Als Wanderer besitzen Sie Wegerecht.

Eine Holzbrücke führt über den Riu Santa Eulàlia, den einzigen Fluß Ibizas.

Bald (nach **49Min**) haben Sie nach rechts einen schönen Blick über die gesamte Küste bis zu den Bergen von Cala San Vicente. Etwas später blicken Sie nach links in die fjordartige Bucht von Cala Llonga hinein. Jetzt endet der breite Weg abrupt (**56Min**). Ein rot markierter Kammweg schließt sich an. Nach zwei Minuten biegt er vorübergehend von der Kammlinie nach rechts weg und steigt nicht mehr an. Wenig später verläuft er aber wieder auf dem Kamm (**1Std03Min**) und steigt leicht an.

Nach **1Std05Min** kommen Sie an eine wichtige Verzweigung (*nicht* auf der Karte eingezeichnet): Links geht es zur Cala Llonga (wo Wanderung 15 endet), Sie halten sich rechts und gehen über den Puig d'en Pep nach Santa Eulalia zurück. Der Waldpfad steigt weiter an. An einem Stein finden Sie die Markierung »Siesta«. Bei der nächsten Verzweigung halten Sie sich rechts. Auf dem 202m hohen Vorgipfel sind Sie nach **1Std09Min** Ein größerer kreisförmiger Platz lädt zur Rast ein. In Richtung NO geht es jetzt leicht bergab. Durch das Grün der Pinien leuchtet das Blau des Meeres. Nach links blicken Sie durch die Bäume auf die Anbauflächen hinter der Cala Llonga. Sie wandern auf einem wunderschönen Höhenweg. Ein steiler Linksabzweig wird ignoriert; eine Minute später sind Sie auf dem 220m hohen Gipfel (**1Std15Min**). Der Ausblick nach links ist hier besonders schön.

Anschließend geht es wieder auf der Kammlinie bergab. Einen steilen Linksabzweig ignorieren Sie (nach einer Minute). Bei einem größeren Steinhaufen stoßen Sie auf eine gelb/rote Markierung (**1Std20Min**). Bei den Resten eines Kalkbrennofens wird der Abstieg steiler (**1Std24Min**). Kurz darauf erreicht der Wanderpfad die ersten Appartementanlagen. Der Bau dieser Häuser hat offenbar die Fortsetzung des Wanderpfades zerstört. Wenn es Ihnen zu unbequem erscheint, auf den steilen Pfadspuren zum breiten Küstenweg abzusteigen, so können Sie auch auf dem Fahrweg durch die Appartementhäuser absteigen. *Beide Wege sind auf die Karte eingezeichnet.*

Wenn Sie auf den alten Pfadspuren bleiben, treffen Sie nach **1Std40Min** wieder auf dem breiten Küstenweg. Folgen Sie ihm nach links ansteigend! Auf einem Fußweg gehen Sie nach Siesta hinab. La Cornisa heißt die Anlage hier. Über den Strand, die Holzbrücke und die Promenade gehen Sie dann zum Zentrum zurück (**2Std05Min**).

17 VON SANTA EULALIA NACH ES CANAR

Länge/Dauer: 5km/2Std

Schwierigkeitsgrad: leicht

Ausrüstung: Sportschuhe, Trinkwasser, Badesachen; siehe auch Seite 24 (oben)

Anfahrt: 🚌 nach Santa Eulalia (oder ⛴)
Rückfahrt: 🚌 oder ⛴ von Es Canar

Kurzwanderung: Folgen Sie der Hauptwanderung so weit Sie möchten, und gehen Sie auf demselben Weg zurück!

Diese schöne Wanderung verläuft auf einem Küstenpfad, der Sie durch Pinienwäldchen, zu schönen Badebuchten und schließlich zur Urbanisation Es Canar führt. Der rotbraune Farbton der Küstenfelsen kommt bei tiefstehender Sonne am besten zum Ausdruck.

Unser Weg führt von der Strandpromenade in Santa Eulalia nach links in Richtung NO an der Bootsanlegestelle vorbei (**4Min**). Auf dem breiten Promenadenweg gehen Sie zunächst am Yachthafen und dann am Hotel Ses Estaques entlang. Vor dem Hotel endet die Promenade. Vor Ihnen sehen Sie jetzt das Hotel Los Loros. Hier biegen Sie nach rechts auf einem asphaltierten Weg in Richtung Meer ab. Sie gehen an der Beach-Bar des Hotels Ses Estaques vorbei und dann den Küstenweg hinauf. Ein steiniger Pfad führt steil bergauf.

Durch ein Pinienwäldchen steigen Sie bergan. Am Ende des kleinen Anstiegs (**11Min**; Picknick 17) haben Sie eine wunderbare Aussicht auf die Bucht von Santa Eulalia sowie die folgenden Buchten. Hier endet auch ein breiter Betonweg. Von der Anhöhe führt Sie ein schmaler Küstenpfad zum Hotel

Überquerung des Torrent Argentera, hinter der Platja S'Estanyol

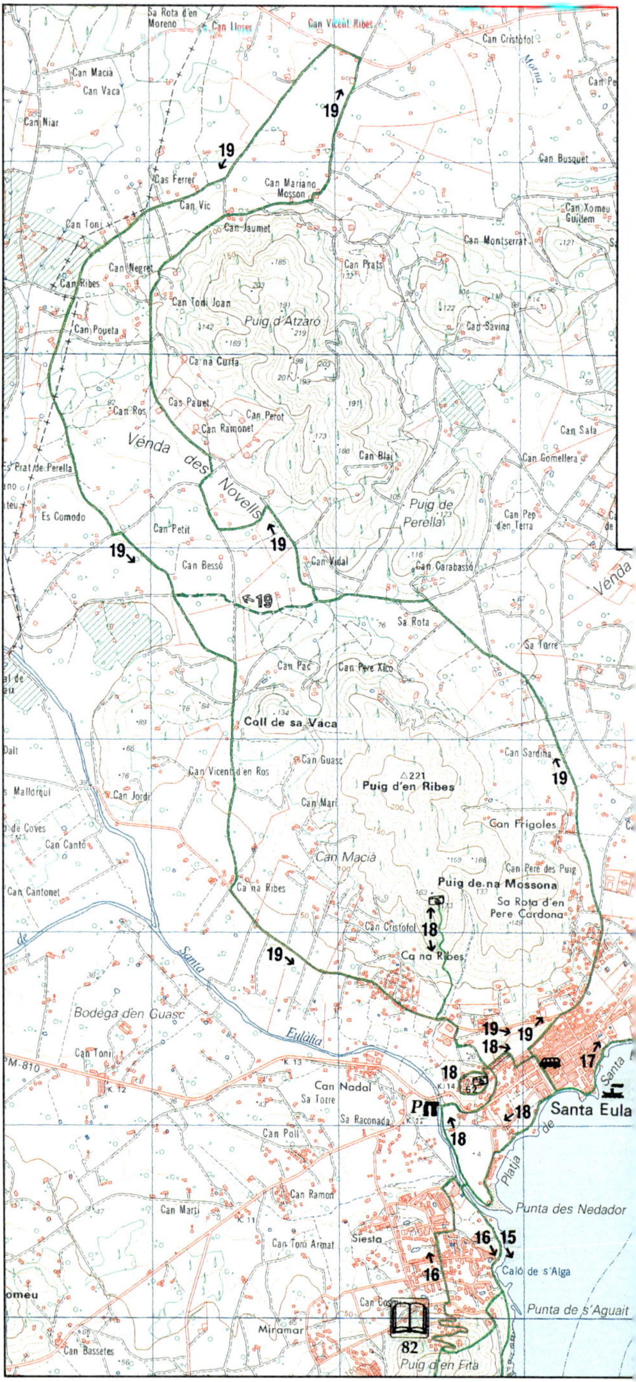
Sa Rota d'en Moreno
Can Llosa
Can Vicent Ribes
Can Cristòfol
Morna
Can Macià
Can Vaca
Can Niar
19
Can Busquet
Cas Ferrer
Can Mariano Mosson
Can Vic
Can Xomeu Guillem
Can Toni
Can Jaumet
Can Montserrat
Can Negret
Can Prats
Can Ribes
Can Toni Joan
Puig d'Atzaró
Can Savina
Can Poueta
Ca na Curta
Can Ros
Cas Pauet
Can Perot
Can Ramonet
Can Sala
Vénda des Novells
Can Blai
Can Gomellera
Es Prat de Perella
Puig de Perella
Es Comodo
Can Pep d'en Terra
Can Petit
Can Bessó
Can Vidal
Can Carabassó
Vénda
Sa Rota
Sa Torre
Can Pac
Can Pere Xico
Coll de sa Vaca
Can Sardina
Can Guasc
Can Vicent d'en Ros
Puig d'en Ribes
Can Jordi
Can Mari
Can Frigoles
Can Cantó
Can Macià
Can Pere des Puig
Can Cantonet
Puig de na Mossona
Ca na Ribes
Sa Rota d'en Pere Cardona
Can Cristòfol
18
Ca na Ribes
Santa
Bodega d'en Guasc
Eulàlia
Can Toni
PM-810
17
Can Nadal
Sa Torre
Sa Raconada
Santa Eula
Can Poll
Platja de
Can Ramon
Punta des Nedador
Can Martí
Siesta
Can Toni Armat
16
15
Caló de s'Alga
Punta de s'Aguait
Miramar
82
Can Bassetes
Puig d'en Fita

Los Loros hinab. Sie gehen auf der Seeseite des Hotel komplexes vorbei — auf einem gepflasterten Weg über den Rasen. Beim Basketballplatz hinter dem Hotel beginnt wieder der Küstenpfad. Sie kommen auf einen Pfad oberhalb der rotbraunen Küstenfelsen. Auf ihm gehen Sie weiter. Wacholder und Pinien wachsen hier. Es folgt eine kleine Hotelanlage. Die Mangos Beach Bar liegt hier am Meer. Der Küstenpfad wird danach schmal. Sie gehen zwischen der Abbruchkante und einer Mauer mit einem Zaun darauf. Der Pfad führt danach durch ein schönes Waldstück. Hier wird leider einige Häuser gebaut (**38Min**). Nach einer Minute taucht vor Ihnen schon wieder ein kleiner Strandabschnitt auf (Platja S'Estanyol). Im Sommer ist auch diese Bucht von Badenden überfüllt. In sechs Minuten haben Sie diesen kleinen Strand überquert. Sie gehen dabei am Restaurant Bora-Bora vorbei. Jetzt müssen Sie die Mündung des kleinen Torrent Argentera umgehen (Foto Seite 84-85). Er führt aber im Sommer kein Wasser.

Ihr weiterer Weg verläuft direkt am Meer entlang. Zweimal müssen Sie sich tief bücken. Dicke, niedrige Äste versperren den Pfad. Der schmale Weg ist ausgezeichnet zwischen dem

Der Pinienwald bei S'Argamassa reicht bis ans Meer. Sie wandern durch eine Parklandschaft.

Meer und dem angrenzenden Grundstück angelegt. Der Weg führt danach teilweise durch private Gärten. Er ist aber weiterhin ein öffentlicher Weg. Nach **1Std** führen einige Treppen zum Meer hinunter. Vielleicht nehmen Sie an dieser Stelle ein Bad. Vier Minuten später führt der Weg an einem verfallenen Brunnen vorbei. Gleich darauf folgt wieder ein im Sommer sehr belebter Strand (Cala Pada). Durch das kleine Pinienwäldchen bei S'Argamassa (Foto oben) geht es weiter. Vor sich sehen Sie bereits die nächste Badebucht (Cala Martina). Zur Hochsaison sind alle Buchten mit Badegästen Überfüllt.

An dem Hotel Augusta kommen Sie nach **1Std17Min** vorbei. Gleich dahinter liegt der Campingplatz. Es folgt eine kleine FKK-Bucht; dann wird es wieder einsamer. Der Küsten-

pfad führt jetzt über die Klippen durch Pinien- und Wacholdergehölz. Rechts im Meer sehen Sie zwei kleine Inseln: Santa Eulàlia und Redona. Sie haben einen schönen Ausblick über den weiteren Küstenverlauf. Nach **1Std41Min** steigen Sie über eine Mauer hinweg. Der Küstenpfad führt jetzt über eine Hochfläche. Er steigt wieder etwas an. Bei einigen hübschen Villen müssen Sie auf der Landseite vorbeigehen.

Nach **1Std45Min** biegt der Küstenpfad landeinwärts. Er führt durch die Anlage Club Punta Arabí. Gehen Sie von dem nachgebauten Wehrturm den asphaltierten Weg hinunter. Bei der Einmündung halten Sie sich zunächst links, dann aber gleich wieder rechts. Beim Volleyballfeld wieder links! Dann kommen Sie auf die Asphaltstraße nach Es Canar (**2Std**).

18 SANTA EULALIA UND DER PUIG DE NA MOSSONA

Siehe Karte auf Seite 86-87

Länge/Dauer: 5km/2Std **Schwierigkeitsgrad:** leicht

Ausrüstung: Sportschuhe; Trinkwasser; siehe auch Seite 24 (oben)

An- und Rückfahrt: 🚌 nach/von Santa Eulalia (oder 🚢)

Diese recht kurze Wanderung ist mehr ein Spaziergang, auf dem Sie sich viel Zeit lassen sollten. Sie sehen drei der ältesten Baudenkmäler Ibizas — die schöne Kirche, die auf der nächste Seite abgebildet ist, die römische Brücke, und die winzige Kapelle auf dem Puig de na Mossona (beide unten abgebildet). Diese Wanderung sollten Sie wegen der einzigartigen Fernsicht vom 173m hohen Puig de na Mossona an einem klaren Tag unternehmen.

Sie beginnen die Wanderung auf der Promenade. Sie gehen in Richtung SO zum Fluß. Das Ende des gepflasterten Promenadenweges haben Sie bald erreicht. Sie gehen weiter an ein paar Olivenbäumen und Hotels vorbei zum Fluß. Wenn Sie nach rechts blicken, sehen Sie die sehr schön auf dem Hügel gelegene weiß leuchtende Kirche, die Sie später einen Besuch abstatten werden.

Links und gegenüber: Von der Altstadt in Santa Eulalia sind noch einige wenige Gassen mit weißgestrichenen Häusern erhalten. Man beachte die Kamine in A-Form.

Wenig später sind Sie am Riu de Santa Eulàlia. Hier folgen Sie dem Flußverlauf; Sie gehen auf einem Promenadenweg flußaufwärts in Richtung N. Im Sommer wird der Fluß oberhalb der römischen Brücke zu einem Rinnsal. Kurz darauf sind Sie bei der sehr alten Brücke, die unten abgebildet ist. Sie wurde im Jahre 70nChr erbaut. Verweilen Sie hier ein wenig, und sehen Sie sich das alte Bauwerk von allen Seiten an! Hinter der Brücke ist das Flußbett im Sommer bereits völlig ausgetrocknet. Oleander, Schilfrohr und Fenchel wachsen reichlich im Flußtal (**15Min**; Picknick 18).

Nach Ihrer Rast steigen Sie dann die Steintreppe auf der rechten Flußseite hinauf. Von der Brücke gehen Sie dann auf der alten römischen Straße in Richtung O auf die Stadt zu. Beim Ortseingangsschild treffen Sie auf die Hauptstraße. Sie gehen ein kleines Stück auf der Hauptstraße weiter, überqueren sie dann und steigen die Avenida Padre Guasch zum Puig de Missa hinauf. Von dieser asphaltierten Fahrstraße biegen Sie nach wenigen Minuten nach links auf einen Betonpfad ab. Zwei Minuten später sind Sie bei der Kirche, die auf der nächste Seite abgebildet ist. Sie war einst eine Moschee; auf der Kuppel können Sie noch arabische Schrift-

Unten, links: Oleander und Schilfrohr wachsen reichlich im Flußtal unterhalb der römischen Brücke (Picknick 18). Unten, rechts: die winzige Kapelle auf dem Puig de la Mossona.

zeichen entdecken. Der gesamte Bau, an den ein halbrunder Wehrturm angebaut ist, gleicht einer Festung, die sie ja auch einst war. Machen Sie einen Rundgang um das Kastell, Sie werden dabei manch hübsches Fotomotiv entdecken. Genießen Sie auch die herrlichen Ausblicke nach allen Seiten von diesem 100m hohen Berg. Versäumen Sie nicht den Besuch des kleinen Friedhofs, ehe Sie die Wanderung fortsetzen.

Vom Puig de Missa sehen Sie Ihr nächsten Wanderziel schon genau vor sich. Ein kleines weißes Heiligtum — auch aus arabischer Zeit — krönt den Gipfel. Gehen Sie nach Sicht durch die Randbezirke von Santa Eulalia, zunächst in Richtung NW, später nach N. Bei einem Pinienwald beginnt der eigentliche Anstieg. Auf einem sehr guten Pfad steigen Sie leicht bergan. Nach vier Minuten wird der Pfad schmaler, bleibt aber weiterhin gut. Er führt durch Buschwerk. In Serpentinen geht es durch ein Waldstück mit niedrigen Bäumen.

Die Pfarrkirche auf dem Puig de Missa wurde 1568 zur Festung erweitert.

Nach zehnminütigem Anstieg stehen Sie bereits vor der kleinen *ermita* auf dem Puig de na Mossona. Die Tür zu der kleinen Kapelle ist leider verschlossen, aber Sie können im Inneren ein schlichtes Holzkreuz sehen. Die Krücken eines ehemals gehbehinderten Kindes an der Wand erinnern an ein Wunder.

Der Weg führt noch ein Stück weiter hinauf. Zwei Minuten später sind Sie auf dem höchsten Punkt und genießen einen schönen Blick auf die Stadt und den Hafen. Leider ist der Weg auf der anderen Seite stark zugewachsen; Sie müssen deshalb auf demselben Weg in der Stadt zurückgehen (**2Std**).

19 GÄRTEN UND WÄLDER NÖRDLICH VON SANTA EULALIA

Siehe Karte auf Seite 86-87

Länge/Dauer: 12km/3Std20Min **Schwierigkeitsgrad:** leicht

Ausrüstung: leichte Wanderschuhe, Proviant, Trinkwasser; siehe auch Seite 24 (oben)

An- und Rückfahrt: 🚌 nach/von Santa Eulalia (oder 🚢)

Kurzwanderung: Folgen Sie der Hauptwanderung bis zum Staubecken (39Min). Gehen Sie hinter dem Staubecken geradeaus bis zur *zweiten* Kreuzung, wo Sie wieder auf die Hauptwanderung treffen (an der 2Std25Min-Stelle (7km/1Std45Min).

Diese Wanderung führt Sie durch die landwirtschaftlich intensiv genutzen Hänge der Berge Puig d'en Ribes und Puig d'Atzaró. Sie sehen malerische Anwesen mit Lesesteinmauern und alten Wehrtürmen.

Vom Zentrum Santa Eulalias **gehen Sie zunächst** am Rathaus vorbei in Richtung NW. Am Ende dieser Straße biegen Sie auf dem asphaltierten Weg nach rechts (NO). Dieser Weg mündet bald in den Camí de Missa ein; Sie gehen im gleicher Richtung weiter. Bald biegt der asphaltierte Weg in einer Linkskehre nach N. Bei der Gabelung (**13Min**) halten Sie sich links (nach rechts geht es zum Fußballplatz). Den Linksabzweig zum Squash Center ignorieren Sie (**18Min**). Ihr nach N verlaufender Weg macht vier Minuten später einen leichten Linksknick. Sie gehen an Feldern aus rotbrauner Erde vorbei. Bei einer Kreuzung gehen Sie geradeaus weiter (**25min**). Danach wendet sich Ihr Weg in einer Linksbiegung nach NW. Nach rechts blicken Sie auf Anbauterrassen mit Feigen- und Johannisbrotbäumen, links liegen prächtige Villen. Der Weg steigt bald etwas stärker an (**34Min**). Drei Minuten später, nach einer erneuten Linksbiegung verläuft er nach W.

An einem großen Staubecken, das zu Ihrer Linken liegt, gehen Sie vorbei (**39Min**). Hinter dem Staubecken geht die Kurzwanderung geradeaus weiter. Um die Hauptwanderung fortzusetzen, verlassen Sie den asphaltierten Weg nach rechts bei einem prächtigen Anwesen (Can Vidal), das von einer hohen Mauer eingefaßt ist. Ein

Dieser Wehrturm bei Can Jaumet ist dem berühmten Turm von Balàfia, der auf Seite 15 abgebildet ist, ähnlich. Man sieht nur selten solche alten Wehrtürme im Privatbesitz.

nachgebauter Wehrturm steht auf dem Grundstück, Palmen und Bananenstauden wachsen hier. Aber auch einen echten alten Wehrturm sehen Sie bald auf der rechten Seite (**48Min**). Einen Rechtsabzweig lassen Sie unbeachtet. Sie gehen auf einem von Lesesteinmauern gesäumten Weg nach NW. Vier Minuten nach dem alten Wehrturm (**52Min**) geht es in Richtung W nach links bergab. Bei der kurz darauf folgenden Einmündung halten Sie sich rechts. Auf der linken Seite gehen die Anbauterrassen vorübergehend in Wald über. Ein kurzes Stück führt der Weg nach rechts auf den Puig d'Atzaró zu (**1Std02Min**). Er biegt aber schnell wieder nach links (N). Vor einem Anwesen (Can Ramonet) geht es erneut nach links. Bald erblicken Sie in der Ferne den berühmten Wehrturm von Balàfia mit seinem weißen Rand. Gelbe Pfeile zeigen Ihre Gehrichtung an. Nach einer Trafostation (**1Std09Min**) führt der Weg wieder in den Wald hinein. Bei einer Kreuzung vier Minuten später gehen Sie geradeaus nach N weiter. Von links mündet ein Weg aus dem Tal ein (**1Std15Min**). Bei der kurz darauffolgenden Einmündung halten Sie sich links. Ihr Weg macht gleich darauf wieder eine Rechtsbiegung und führt auf das Anwesen Can Jaumet zu (**1Std25Min**; Foto gegenüber). Sie gehen nach O weiter. Zur Linken haben Sie die fruchtbare Ebene, zur Rechten den Nordhang des Puig d'Atzaró. An einem verfallenen Gebäude mit weißem Brunnen kommen Sie vorbei. Hinter dem Anwesen Can Mariano Mosson biegen Sie auf dem Camí Atzaró nach links (N). Sie gehen auf dem jetzt asphaltierten Weg an dem schönen Haus Can Mariano Reco vorbei und gelangen wenig später auf den ebenfalls asphaltierten Weg von Balàfia nach Figueral (**1Std35Min**).

Gehen Sie auf diesem Weg knapp 200m nach links (WNW)! Biegen Sie dann auf einen Schotterweg durch Wein- und Zitronengärten nach SW ab! Sie gehen genau auf den Berg mit dem Fernsehmast zu. Nach **1Std49Min** folgen Sie dem Weg in einer Rechtsbiegung (geradeaus befindet sich Can Jaumet). Fünf Minuten später folgen Sie dem Weg in einer langgezogenen Linkskurve. Ein Minimercado mit einer Bar lädt zu einer Rast ein (**1Std56Min**). Bei der nächsten Kreuzung gehen Sie den Schotterweg geradeaus weiter. Lassen Sie alle Abzweige nach links und rechts unbeachtet! Von der nächsten Kreuzung an (**2Std04Min**) ist der Weg asphaltiert. Sie gehen jetzt nach S. Es folgt eine weitere Kreuzung. Folgen Sie dem rot-weiß-rot markierten, asphaltierten Weg! Nach **2Std25Min** blicken Sie nach links auf die mächtige Mauer des Staubekkens. (Hier schließt sich von links die Kurzwanderung an.) Drei Minuten später, halten sie sich bei der Verzweigung links. In einer Rechtskehre führt Ihr Weg an der Crazy Horse Farm vorbei (**2Std34Min**) und etwas nach S bergan. Nach rechts blicken Sie auf den Puig d'en Pep. Bei der Einmündung (**2Std51Min**) halten Sie sich links (SO). Bald sehen Sie den Puig de Missa vor sich; nach **3Std20Min** sind Sie im Zentrum.

20 ES CANAR • CALA LLENYA • CALA MASTELLA • SAN CARLOS

Die Karte beginnt auf Seite 87 und setzt sich auf Seite 98-99 fort

Länge/Dauer: 8km/2Std15Min

Schwierigkeitsgrad: etwas anstrengend

Ausrüstung: Bergstiefel, Trinkwasser, Badesachen; siehe auch Seite 24 (oben)

Anfahrt: 🚌 oder ⛴ nach Es Canar
Rückfahrt: 🚌 von San Carlos

Kurzwanderung: Beenden Sie die Wanderung an der Cala Llenya oder am Club Playa Azul. Sie können mit dem Boot oder dem Bus zurückfahren (2,5km/45Min).

Auf dieser Tour verbinden Sie eine Küstenwanderung mit einer Wanderung durch Pinienwald und Agrarland. **Sie verlassen Es Canar** in Richtung N. Gehen Sie an der Promenade hinter dem Strand entlang. In **7Min** liegt der Strand hinter Ihnen. Sie wandern auf einem guten Küstenpfad. Wenn Sie das Hotel Cala Playa Nova nach **15Min** erreicht haben, blicken Sie bereits auf die nächste Bucht. Ein säulenartig geformter Küstenfelsen fällt hier auf (siehe unten). Nach vier Minuten haben Sie auch diesen Strandabschnitt überquert. Es folgt der kleine Strand von Punta Verde. Hinter dem Strand führt der Pfad in ein einsamen Pinienwäldchen hinauf.

Die schönen, mit viel Grün bewachsenen Appartements von Las Perlas erreichen Sie nach **27Min**. Sie müssen die Gebäude auf der Landseite umgehen. Von der Asphaltstraße, die Sie nur ein kleines Stück hinuntergehen, zweigt der Pfad gleich wieder nach rechts ab. Sie gehen am Swimmingpool von Las Perlas vorbei und dann wieder auf das Meer zu; schnell sind Sie bei den Klippen (**32Min**). Kurz darauf blicken Sie bereits in die nächste Sandbucht. An den nächsten Appartements führt der Pfad auf der Meerseite vorbei. Vier Minuten später kommen Sie an eine kleine steinige Bucht. Danach geht es durch Pinien bergan. Nach **45Min** bereits sind Sie in der sehr kleinen Cala Llenya. Im Sommer stehen hier die Liegen besonders dicht nebeneinander. Hier kann man die Kurzwanderung beenden und mit dem Schiff zurück nach Es Canar, Santa Eulalia oder Ibiza-Stadt fahren.

Am Ende der Bucht führt der Weg eine Treppe hinauf, er führt zu den Ferienanlagen Club Playa Azul und Can Jordi. Vom oberen Ende der Treppe gehen Sie bis zur Mündung auf den breiten Schotterweg, landeinwärts. Auf ihm biegen sie nach rechts. Der Schotterweg endet

Zu einem Steintisch haben die Wellen des Meeres diesen Fels verwittern lassen.

bald (**47min**). Folgen Sie dem Pfad nach rechts abwärts. Unten angekommen halten Sie sich links! (Nach rechts geht es zu einigen Bootsschuppen am Meer.) In einem tief eingeschnittenen Tal steigen Sie in Richtung NO steil bergauf. Rechts von Ihnen verläuft die Begrenzungsmauer des Club Playa Azul. Nach dem Ende der Mauer steigen Sie durch dichten Wald weiter aufwärts. Sie kommen ins Zentrum der Ferienanlage Club Playa Azul (Busse nach Santa Eulalia). Folgen Sie dem asphaltierten Weg nach NO! Bald führt er wieder bergab und biegt in einer Linkskurve landeinwärts. Beim Restaurante Azul biegen Sie nach **1Std05Min** auf einem Schotterweg nach rechts ab. Bei einer Einmündung biegen Sie nach rechts Richtung Meer ab. Beim Beginn des Waldes halten Sie sich links und gehen wieder parallel zur Küste (NNO). Einen alten Dreschplatz finden Sie bei diesem Linksabzweig. Bei einer Trafostation zweigt nach rechts ein kleiner Weg zu einer fjordartigen Bucht ab (Wanderung 21 mündet hier von rechts ein). Folgen Sie dem Camino Cortado nach NO in Kehren durch Wald bergauf. Rechts von ihm verläuft ein privater Kiesweg. Der Weg endet auf einer Anhöhe (**1Std 14Min**). Ein Fußpfad schließt sich an; er führt ins Tal des Torrent Socarrat zum Restaurant Sa Sení — 100m landeinwärts von der Cala Mastella. Legen Sie hier eine Rast ein!

Folgen sie anschließend dem asphaltierten Fahrweg etwa 300m in Richtung W! Auf einem Schotterfahrweg zwischen Lesesteinmauern biegen Sie nach rechts ab (der zweite Rechtsabzweig). Gehen Sie ihn weiter, auch wenn er als Sackgasse beschildert ist. Bei einem Haus zweigen Sie nach rechts auf einen Waldpfad ab (**1Std28Min**). Bei der bald folgenden Verzweigung dieses Pfades halten Sie sich links. Der Pfad mündet auf einen breiten Schotterweg, dem Sie bergan folgen. Es geht durch einsames Waldgebiet. Der Weg macht bald eine Linksbiegung und verläuft danach in Richtung W.

Sie kommen an eine Einmündung bei einer verfallenen Finca (**1Std38Min**) und biegen nach rechts — zurück in das Tal des Torrent Socarrat hinein. (Vorher muß noch ein kleiner Höhenrücken überwunden werden, **1Std47Min**.) Den Weg, der bei einer Trafostation nach rechts auf der anderen Seite des Tales abzweigt (**1Std54Min**), lassen Sie unbeachtert (Wanderung 21 folgt diesem Weg zu der Cala Mastella). Sie steigen weiter geradeaus nach NW bergan. Mitten in der Einöde taucht rechts plötzlich ein Tennisplatz auf! Bei einer Einmündung (**2Std01Min**) müssen Sie sich links halten. Von der Höhe können Sie durch die Bäume über Es Figueral bis Cala San Vicente blicken. Zwei Minuten später liegt rechts ein hübsches Anwesen im Flußtal. Es geht steil hinauf zur Paßhöhe zwischen den Bergen Puig des Molí und Puig de Cap Gros. Ignorieren Sie alle Abzweige nach links und rechts! Endlich leuchtet Ihnen im Tal die hübsche Kirche von San Carlos entgegen. Nach **2Std15Min** haben Sie sie erreicht.

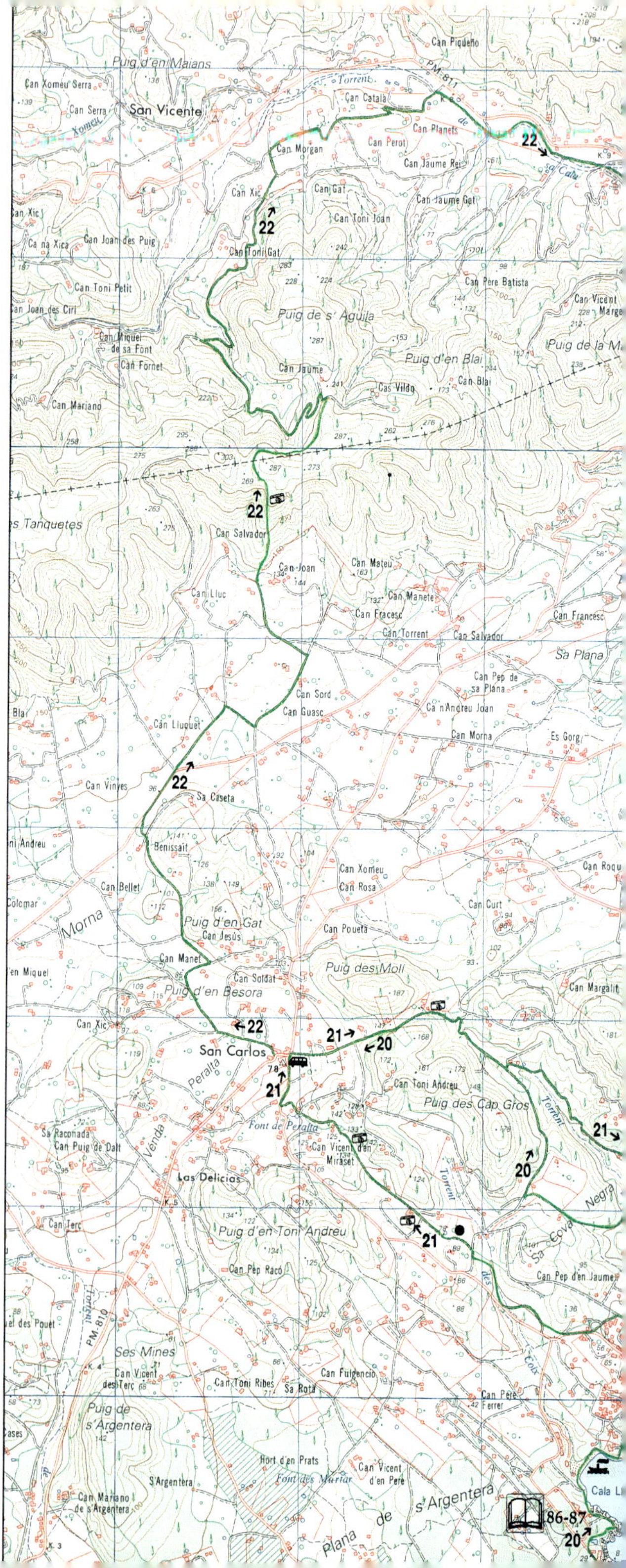
Can Piqueño
Puig d'en Maians
PM-811
Torrent
Can Xomeu Serra
Can Català
Can Serra
San Vicente
Xomeu
Can Planets
22
Can Morgan
Can Perot
Can Jaume Rei
sa Cala
Can Xic
Can Gat
Can Jaume Gat
22
Can Toni Joan
Ca na Xica
Can Joan des Puig
Can Toni Gat
Can Toni Petit
Can Pere Batista
Can Joan des Ciri
Can Vicent Margal
Puig de s' Aguila
Can Miquel de sa Font
Puig de la M
Can Fornet
Puig d'en Blai
Can Jaume
Can Blai
Cas Vildo
Can Mariano
22
es Tanquetes
Can Salvador
Can Joan
Can Mateu
Can Lluc
Can Manete
Can Fracesc
Can Francesc
Can Torrent
Can Salvador
Sa Plana
Can Pep de sa Plana
Can Sord
Can Guasc
Ca n'Andreu Joan
Blai
Can Lluquet
Can Morna
Es Gorg
22
Can Vinyes
Sa Caseta
Benissait
Toni Andreu
Can Xomeu
Can Roqu
Can Bellet
Can Rosa
Colomar
Morna
Can Curt
Puig d'en Gat
Can Jesús
Can Poueta
Can Manet
Puig des Molí
d'en Miquel
Can Soldat
Can Margalit
Puig d'en Besora
Can Xic
22
21
20
San Carlos
Peralta
Can Toni Andreu
Puig des Cap Gros
21
Torrent
Sa Raconada
Can Puig de Dalt
Font de Peralta
Can Vicent d'en Miraset
21
Venda
20
Las Delicias
Torrent
Negra
Can Terç
Puig d'en Toni Andreu
21
Sa Cova
Can Pep Racó
Can Pep d'en Jaume
Torrent
PM-810
des
uel des Pouet
Ses Mines
Coix
Can Vicent des Terç
Can Toni Ribes
Sa Rota
Can Fulgencio
Can Pere Ferrer
Puig de s'Argentera
Cases
Hort d'en Prats
Font des Mariar
Can Vicent d'en Pere
S'Argentera
Cala L
Can Mariano de s'Argentera
Plana de s'Argentera
86-87
20

Clot des Llamp
Punta Grossa o Cap des Llamp
Punta Grossa
Punta Grossa
Cala de Sant Vicent
Raig
Aigua Blanca
Es Paller des Camp
MAR MEDITERR
Platja des Figueral
Can Lloses
Ximaina
S'Albedar
Illot de s'Ora
Serra des Llamp
Punta Verda
Puig d'en Mateu
Es Casalissos
1mi
1 km
Soldat
Can Mateu
Pou des Lleó
Pou des Lleó
Canal d'en Martí
Punta d'en Valls
Torre d'en Valls
Torre d'en Valls
Can Talaia
Punta de sa Torre
Puig des Cap Roig
Can Miquel Pere
Can Ribes
Cala de Boix
Cala Negra
Punta Prima
Cala Mastella
Sa Plana
Es Caló Roig
Cala Mastella
Cap Roig
Punta d'en Ribes
23
20
21

21 SAN CARLOS • CALA MASTELLA • CAN JORDI • SAN CARLOS

Siehe Karte auf Seite 98-99 **Länge/Dauer:** 8km/2Std15Min
Schwierigkeitsgrad: leicht, an den Küstenfelsen ist Trittsicherheit erforderlich
Ausrüstung: leichte Bergstiefel oder Turnschuhe mit Profilsohlen, Trinkwasser, Badesachen; siehe auch Seite 24 (oben)
An- und Rückfahrt: 🚌 nach/von San Carlos

Auf schönen Waldwegen wandern Sie zu der ehemaligen Fischerbucht Cala Mastella, die auch einen kleinen Badestrand besitzt. Anschließend geht es ein Stück etwas abenteuerlich über Küstenfelsen zur Mittagsrast in Can Jordi, dem Wanderzentrum auf Ibiza. Durch Wald und Kulturland wandern Sie dann nach San Carlos zurück.

Von Anitas Bar in San Carlos **wandern Sie zunächst** den Feldweg in östlicher Richtung hinauf. Ignoriern Sie alle Abzweige nach links und rechts! Zu beiden Seiten Ihres Weges erstrecken sich Anbauterrassen. Mandeln, Johannisbrot und Feigen wachsen hier. Später führt der Weg in den Wald hinein. Nach **10Min** erreichen Sie die Paßhöhe zwischen den Bergen Puig des Molí und Puig des Cap Gros. Der Rechtsabzweig führt in ein Privatgrundstück. Links blicken Sie auf eine sehr schöne Villa mit Schwimmbad. Der Linksabzweig dahinter bleibt ebenfalls unbeachtet. Gehen Sie auf dem Schotterweg durch den Wald bergab! Bei der Einmündung nach **13Min** müssen Sie sich rechts halten. Ein verfallenens Haus aus Natursteinen steht hier. Sie gehen ein kurzes Stück nach S, dann nach SO. Ein Rechtsabzweig bleibt unbeachtet. Nach **15Min** erblicken Sie links einen Tennisplatz, der gar nicht so recht in diese Waldeinsamkeit paßt.

Vier Minuten nach dem Tennisplatz müssen Sie bei einer Trafostation (Nr 1039) nach links abzweigen. (Auf dem Weg geradeaus kommen Sie auf Wanderung 20 herauf.) Sie überqueren das Tal des Torrente Socarrat. Auf der anderen Talseite steht ein älteres Haus mit einer Pumpstation. Links am Weg ein schöner Picknickplatz mit Feuerstätte (**23Min**). In steilen Kehren windet sich der nur mit einem Jeep befahrbare Weg durch den Wald ins Tal. Vor dem nächsten Grundstück auf der rechten Seite zweigt bei einer Markierung aus zwei Wegsteinen ein Pfad ins Tal des Torrent ab. Folgen Sie ihm! Er führt zu etwa 40 markanten Säulen im Flußtal. Sie dienten früher dem Weinanbau. Auf den Säulen lagern Holzlatten, an denen Spaliere für die Reben hingen.

Nach der Besichtigung der Säulen steigen Sie wieder zum Waldweg an und setzen die Wanderung fort (**39Min**). Drei Minuten später kommen Sie an einen Dreiweg. Wählen Sie den mittleren der drei Wege! Gleich darauf gehen Sie an einem sehr schönen ibizenkischen Haus mit Dachgarten und Swimmingpool vorbei. Auf der anderen Talseite erblicken Sie die Asphaltstraße, die zur Cala Mastella hinunterführt. Nach

45Min überschreiten Sie eine kleine Anhöhe. Von links mündet ein Weg ein. Rechts ein schönes Haus (Nr 72). Durch ein Nebental geht es noch einmal zu einer zweiten Anhöhe hinauf (**50Min**). Jetzt leuchtet Ihnen die Cala Mastella bereits entgegen. Vom Restaurant Sa Sení gehen Sie den kleinen Fußweg auf der orographisch rechten Seite des Tals zum Meer. 50m vor dem Strand steht noch ein altes Schöpfrad. Nach **58Min** sind Sie am Meer. Falls Sie ein Bad nehmen, achten Sie auf Feuerquallen!

Gehen Sie nun den jetzt schmalen Wanderpfad rechts hinauf! Bei einem Dreiweg wählen Sie den mittleren Pfad. Er läuft mit dem linken bald wieder zusammen. Genießen Sie die atemberaubenden Blicke über die Bucht! Halten Sie sich bei weiteren Verzweigungen stets links auf der Meerseite! Früher konnte man auf diesem schönen Küstenpfad bis zum Club Playa Azul gehen. Jetzt versperren Zäune der Grundstückseigentümer den Pfad. Nach **1Std07Min** stehen Sie vor einem solchen Zaum. Gehen Sie an ihm bis zu einem Weg, dem Camino Cortado, entlang. Er läuft parallel zum privaten Kiesweg, der in das Grundstück führt. Folgen Sie dem Camino Cortado bis zur Trafostation (»Barca Rampuda«). Gehen Sie dann zu der fjordartigen Bucht hinab! Nach **1Std14Min** sind Sie wieder an der Küste.

Gehen Sie die Treppenstufen hinauf, und folgen Sie dem schmalen Pfad außerhalb des Zauns. Es geht wieder über Klippenfelsen, Trittsicherheit ist erforderlich. Nach vier Minuten führt der Küstenpfad an einer Villa vorbei, die — bis heute! — erfreulicherweise keine Umzäunung hat. Nach **1Std21Min** stehen Sie allerdings wieder vor einem Zaun. Gehen Sie drei Minuten landeinwärts, bis Sie wieder auf den Camino Cortado stoßen. Sie kommen nur ein kleines Stück westlich der Trafostation heraus. Die kleinen Küstenpfadabschnitte haben sich aber wegen der Ausblicke gelohnt.

Der Autor im Bachbett des Torrent Socarrat. Die Säulen dienten früher dem Weinanbau.

Gehen Sie den Schotterweg weiter, und biegen Sie beim Dreschplatz nach rechts (nach NW). (Wanderung 20 mündet von links ein Stück westlich vom Dreschplatz ein.) Sie kommen an einer Appartementsiedlung vorbei. Der Weg ist bald asphaltiert. Auf dem Camí de Can Michel Pere biegen Sie dann nach links. Nach **1Std34Min** sind Sie beim Restaurante Viana. Hier oder beim etwas weiter zum Meer gelegenen Restaurant Can Pep sollten Sie ihre Mittagspause einlegen. Gegenüber vom Can Pep liegt im Hotel Can Jordi übrigens das Wanderzentrum von Ibiza. Von Carlo, seiner Frau oder Herrn Marquardt können Sie Tips und Anregungen zu weiteren Touren erhalten.

Für den Rückweg nach San Carlos gehen Sie nicht ganz bis zum Zusammenlauf der drei Asphaltstraßen, die Sie unweit vor sich sehen. Biegen Sie gegenüber der Autowerkstatt auf einem Waldpfad nach rechts ab! Der Pfad verläuft parallel zur Straße nach San Carlos. Nach **1Std44Min** mündet Ihr Pfad auf einen breiten Waldweg. Dieser alte Saumpfad mündet kurz darauf auf die Asphaltstraße. Nach einer Minute zweigen Sie aber bereits wieder nach rechts in den Wald ab. Dieser Waldweg mündet nach zwei Minuten auf einen landwirtschaftlichen Weg, dem Sie 20m nach rechts folgen. Bei der Gabelung nehmen Sie den linken bergaufführenden Weg. Rechts am Weg liegt bald ein Dreschplatz (**1Std54Min**). Gehen Sie jetzt bergauf geradeaus weiter, und lassen Sie alle Abzweige nach links und rechts unbeachtet! Bei einem Haus mit schönem Torbogen und Kuppel können Sie bis Es Canar und Santa Eulalia blicken. Die Asphaltstraße verläuft links parallel in 200m Entfernung. Nach **2Std** wird der Weg schmaler; er verläuft zwischen Steinmauern. Es geht weiter bergauf. Links haben Sie Wald, rechts Anbauterrassen. Nach sieben Minuten erreicht der Weg seinen höchsten Punkt. Sie blicken auf die Ebene von San Carlos hinunter. Nach **2Std11Min** kommen Sie auf einen asphaltierten Weg. Folgen Sie ihm abwärts! Er mündet zwei Minuten später auf die Asphaltstraße, auf der Sie nach insgesamt **2Std15Min** San Carlos erreichen.

Wanderung 22: Im August werden die Mandeln geerntet.

22 VON SAN CARLOS NACH CALA SAN VICENTE

Siehe Karte auf Seite 98-99; siehe Fotos auf Seite 12-13, 14

Länge/Dauer: 11km/2Std35Min

Schwierigkeitsgrad: etwas anstrengend

Ausrüstung: leichte Bergstiefel, lange Hose, Badesachen, Proviant, Trinkwasser; siehe auch Seite 24 (oben)

Anfahrt: 🚌 nach San Carlos

Rückfahrt: 🚌 von Cala San Vicente

Variante: Folgen sie der Hauptwanderung soweit Sie möchten. Gehen Sie dann denselben Weg zurück!

Diese Wanderung überquert die mächtige Bergkette im Norden Ibizas auf einem der wenigen noch nicht zugewachsenen Wege. **Sie beginnen die Wanderung** in San Carlos, indem Sie bei der Bank den anfangs noch asphaltierten Weg in Richtung WNW hinuntergehen. Lassen Sie alle Abzweige nach links und rechts unbeachtet! Die Asphaltierung endet nach wenigen Minuten. Bei der Verzweigung nach **5Min** halten Sie sich rechts, leicht bergauf. Johannisbrot und Mandelbäume wachsen hier. Bei der nächsten Verzweigung (drei Minuten später) halten Sie sich wieder rechts. Gleich darauf beschreibt der Weg eine scharfe Rechtsbiegung. Vor einem Schild »Sackgasse« biegen Sie nach links. Sie gehen auf der Westseite des Puig d'en Gat vorbei. Der Weg wird von einer alten Lesesteinmauer begrenzt. Ignorieren Sie jetzt wieder alle Abzweige nach links und rechts, bis Sie einen asphaltierten Fahrweg erreichen (**21Min**). Folgen Sie diesem Weg 300m nach rechts. Er macht dann eine Rechtsbiegung. Sie gehen auf einem guten Feldweg, der auf beiden Seiten durch einen Zaun begrenzt wird, geradeaus weiter (Richtung NO). Auf der rechten Seite fällt ein leuchtend weißer Brunnen auf. Hinter den Anbauflächen erhebt sich die mächtige Bergkette, die Sie in der nächsten Stunde überschreiten werden. Vereinzelt stehen Fincas in diesem landwirtschaftlich intensiv genutzten Tal. Gehen Sie über die nächste Kreuzung hinweg, und ignorieren Sie den nächsten Linksabzweig. 80m weiter, im rechten Winkel, biegen Sie nach rechts ab und gehen gut 200m nach SO. Bei der nächsten Kreuzung halten Sie sich links (NO) weiter.

Der nächste Linksabzweig (**39Min**) ist besonders wichtig, er bildet den Einstieg zur Überquerung der Bergkette. Bei diesem Abzweig trägt der vorletzte Stein auf der linken Seite eine rote Markierung. Sie steigen nach NW, später nach N an. Hinter einem Anwesen (links) biegt Ihr Weg nach rechts (**46min**) zum Can Joan. Hier verlassen Sie den Weg und gehen am Stacheldrahtzaun entlang geradeaus weiter. Rechts von Ihnen verläuft eine Mauer. (*Achtung: Auf der Karte IGN 1:25 000 ist dieser Pfad nicht eingezeichnet,* während etliche eingezeichnete Pfade zugewachsen sind.) Vorübergehend wird der Pfad etwas undeutlich. Bleiben Sie immer einige Meter neben der Mauer! Nach **51Min** wendet sich der Pfad von der Mauer weg. Er steigt nach links hinauf. Bei konstanter, mäßiger Steigung gewinnen Sie schnell an Höhe (nach rechts haben Sie einen schönen Blick auf Es Figueral; **1Std03Min**).

Nach **1Std09Min** haben Sie den höchsten Punkt erreicht. Auf der anderen Seite steigen Sie zu einem breiten Schotterweg hinunter (**1Std17Min**). Er kommt vom O, von dem sehr schönen Anwesen Cas Vildo. In vielen Kehren wandern Sie zunächst auf der linken Talseite hinab. Auch dieses steile Tal wird landwirtschaftlich intensiv genutzt: Oliven, Walnüsse und Johannisbrot werden angebaut. Nach **1Std31Min** enden die Anbauterrassen; der Weg tritt in den Wald ein. Drei Minuten später mündet ein steiler Weg von links ein. Zwei Minuten später quert der Weg das Tal; Sie steigen ein Stück an. Von rechts schließt sich ein Weg an (**1Std40Min**). Kurz darauf verläuft rechts eine Lesesteinmauer. An einem sehr schönen alten Anwesen gehen Sie drei Minuten später vorbei. Im Tal erblicken Sie die Kirche von San Vicente. Ein Weg schließt sich erneut von rechts an; drei Minuten später (**1Std52Min**) mündet der Feldweg auf einen asphaltierten Weg. Bei einer Wegkreuzung, müssen Sie nach zwei Minuten nach rechts abbiegen. Bei der wenig später folgenden Verzweigung halten Sie sich rechts; der betonierte Weg endet bei einem Grundstück. Folgen Sie dem asphaltierten Weg durch ein Tal hindurch. Nach **2Std05Min** schließt sich von rechts erneut ein Weg an. In Kehren geht es jetzt ins Haupttal hinunter, an einer herrlichen, sehr mächtigen Pinie rechts vorbei (**2Std12Min**).

Etwa 50m vor der PM811 biegen Sie auf einem landwirtschaftlichen Weg nach rechts ab. Sie gehen ein Stück im Bett des Torrent de sa Cala. Bald (**2Std18Min**) verlassen Sie das Bachbett nach rechts und folgen einem Feldweg weiter. Bald überqueren Sie einen asphaltierten Weg. Sie gehen jetzt parallel zur PM811. Bei einer Verzweigung halten Sie sich links und folgen den blauen Metallpfählen. Vom Berg kommt ein Weg herunter und schließt sich Ihrem Weg an (**2Std28Min**). Sie gehen unter der Brücke der San Vicente/San Carlos-Straße hindurch. Ihr Weg mündet auf einen asphaltierten Fahrweg, und nach **2Std35Min** erreichen Sie Cala San Vicente.

Wanderung 23: Eine Holztreppe führt zum Eingang der Torre d'en Valls; leider ist er jedoch verschlossen.

23 CALA MASTELLA • CALA DE BOIX • TORRE D'EN VALLS • CANAL D'EN MARTI • POU DES LLEO • CALA MASTELLA

Siehe Karte auf Seite 98-99; siehe Foto gegenüber

Länge/Dauer: 8km/2Std45Min

Schwierigkeitsgrad: leicht, auf den Küstenfelsen sind einige Klettereien zu bewältigen

Ausrüstung: leichte Bergstiefel, Badesachen, Proviant, Trinkwasser; siehe auch Seite 24 (oben)

An- und Rückfahrt: 🚌 bis/von San Carlos, Taxi zur/von der Cala Mastella, oder 🚗 Mietwagen (am Restaurant Sa Sení parken).

Kurzwanderung: Folgen Sie der Hauptwanderung bis zu der Kletterei über die Küstenfelsen (25Min), und gehen Sie auf demselben Weg zurück (2,5km/50Min; leicht).

Variante: Zunächst folgen Sie Wanderung 21 (Seite 100) zur Cala Mastella (11km/3h45Min; Schwierigkeitsgrad wie Hauptwanderung).

Nach einer etwas abenteuerlichen Küstenwanderung kommen Sie an die einzige Bucht der Insel mit dunklem Sand. Durch Agrarland und Wald geht es zum gegenüber abgebildeten Piratenturm hinauf. Eine weitere hübsche kleine Bucht lädt Sie zu einem Bad ein, bevor Sie durch Ackerland den wilden Weg über die Klippen zurückwandern.

Die Wanderung beginnt am Restaurant Sa Sení. Sie gehen den kleinen Fußweg auf der rechten Talseite, an einem alten Wasserschöpfrad vorbei, zur Cala Mastella hinab (**2Min**). Gehen Sie zunächst den kleinen, betonierten Küstenpfad zum Fischrestaurant und anschließend den breiten Schotterweg hinauf! Vorbei an der Villa Tres Amigos kommen Sie nach **9Min** auf einen asphaltierten Weg, von dem Sie aber schon nach wenigen Metern auf einen rot markierte Küstenpfad abzweigen. Der Pfad führt vorübergehend wieder an den asphaltierten Weg heran, zweigt aber sofort wieder nach rechts zu einem Aussichtspunkt ab. Auf einer Pfadspur zwischen der Abbruchkante und dem Fahrweg gehen Sie weiter die Klippenfelsen hinauf. Nach **15Min** kommen Sie wieder auf die Straße. Viele schöne Stellen laden zu einem Picknick ein (Picknick 23). Sie haben herrliche Ausblicke bis Es Canar (**19Min**). Bei einer Landmarkierung führt der leicht zugewachsene Pfad sehr dicht an den Klippenrand heran.

Nach **25Min** blicken Sie bereits auf die Cala de Boix. Sie müssen zur Mündung eines Bachbetts über die Felsen sehr steil hinab und auf der anderen Seite wieder hinaufsteigen. Eine zweite noch tiefere Bucht folgt wenig später. Wenn Sie etwa 50m landeinwärts gehen, ist der Ab- und Anstieg weniger beschwerlich. Nach **35Min** liegen beide Buchten hinter Ihnen. Der Küstenpfad verläuft jetzt einige Meter von der Abbruchkante entfernt; er verbreitert sich und schwenkt nach **44Min** landeinwärts. Folgen Sie dem schmalen Wanderpfad am Klippenrand! Vor einem Privatgrundstück biegt der Pfad auf den Fahrweg. Sie gehen nach rechts an der Casa Cuco vorbei. Bei der Casa Yasbus (**50Min**) verzweigt sich der Weg.

Halten Sie sich rechts, dem rot markierten Wanderweg folgend! Nach zwei Minuten sind Sie an der Cala de Boix.

Gehen Sie die Treppenstufen zur Bucht hinunter, und gönnen Sie sich eine Rast oder ein Bad! Steigen sie die Treppe wieder hinauf und folgen Sie noch ein Stück den roten Metallpfählen. Der Weg zum Cap Roig lassen Sie unbeachtet; er ist eine Sackgasse zu einem militärischen Grundstück. Folgen Sie den roten Pfählen entlang der halbverfallenen Lesesteinmauer! Nach **58min** verlassen Sie den rot markierten Weg nach rechts und gehen auf einem Pfad rechts von einer Lesesteinmauer nach O weiter. Durch Mandelanbaugebiet geht es leicht bergan. Nach links können Sie bis zur Cala San Vicente blicken. Bald tritt der Pfad in den Wald ein. Die Mauer trennt den Wald vom bebauten Land. Wenn die Mauer einen Linksknick nach N macht, folgen Sie dem leicht zugewachsenen Pfad weiter nach O (**1Std05Min**). Sie überschreiten den höchsten Punkt und gehen wieder bergab. Ihr Pfad trifft auf einen Schotterweg, dem Sie nach links in Richtung N folgen. (Der Weg nach SO führt wieder in das private Militärgelände.) Sie kommen an ein Eisentor (**1Std11Min**). Gehen Sie durch das Eisentor nach rechts! Sie sind jetzt wieder auf dem rot markierten Wanderweg. In einem Bachtal steigen Sie bergan. Anbauterrassen werden durch Steinmauern abgestützt. Nach **1Std17Min** endet der steinige Weg. Über den Klippenrand blicken Sie auf Tago Mago. Gehen Sie den Pfad zum auf Seite 104 abgebildete Torre d'en Valls (**1Std23Min**) hinauf!

Gehen Sie zunächst denselben Weg zurück! Beim Eisentor (**1Std35Min**) gehen Sie dann jedoch geradeaus durch einen schönen Wald weiter. Durch niedriges Latschenkieferngehölz zweigen Sie drei Minuten später nach rechts zum Meer ab. Auf einem Küstenpfad erreichen Sie den Restaurante Salvado an der Bucht Canal d'en Martí (**1Std45Min**). Von hier führt Sie ein rot markierten Wanderweg bis zum Restaurante Pou des Lleó (**1Std49Min**). Folgen Sie anschließend dem Feldweg in Richtung SW. Zur Linken haben Sie eine Lesesteinmauer, zur Rechten Feigenbäume. Vor einem Tor biegt der Weg nach links (SO). Sie gehen jetzt auf einem Fußpfad zwischen zwei Lesesteinmauern; die linke ist deutlich höher. Vorbei an einem Wasserbecken (**1Std57Min**) geht es in ein Bachtal hinab.

Sie kommen wieder zu der Verzweigung, wo Sie an der 58Min-Stelle nach rechts abgebogen sind. Gehen Sie zum Fahrweg vor der Cala de Boix zurück! Folgen Sie ihm bis zur Rechtsbiegung, dann gehen Sie geradeaus weiter am Can Michel Pere vorbei. Anschließend gehen Sie links von der Lesesteinmauer weiter (**2Std10Min**). Steigen Sie über eine verfallene Lesesteinmauer, und halten Sie sich links! Bei einem Haus nehmen Sie dann den Waldweg nach links (SO). Er geht in einen Schotterweg über; links liegen Villen, rechts Wald. Sie queren einen asphaltierten Fahrweg und folgen bald dem Küstenpfad nach rechts zur Cala Mastella zurück (**2Std45Min**).

FORMENTERA

Picknickausflüge • Radtouren

Südlich von Ibiza liegt die langgestreckte Insel Formentera, die in vorgeschichtlicher Zeit durch eine Landbrücke mit Ibiza verbunden war. Es gibt täglich mehrere Schiffsverbindungen, das Fährschiff benötigt von Ibiza-Stadt bis zum Hafen La Savina 1 Std. Das Expressboot braucht nur 20 Min.

Zum flüchtigen Kennenlernen der überwiegend flachen Insel sollten Sie eine Woche einplanen. Das Fahrrad ist das ideale Verkehrsmittel auf der Insel. Einen Fahrradverleih gibt es in jedem größeren Ort auf Formentera.

Der Haupttouristenort der Insel ist Es Pujols. Von den drei größeren Orten (die anderen beiden sind San Francisco und San Fernando) liegt er als einziger am Meer und ist daher bestens für einen Ferienaufenthalt geeignet. Alle Radtouren werden daher von Es Pujols aus beschrieben.

Wenn Sie kein Pauschalarrangement auf Formentera gebucht haben, lassen Sie sich von Ihrem Hotel in Ibiza aus am besten ein Zimmer telefonisch bestellen. Es ist auch in der Hochsaison möglich, auf Formentera unterzukommen.

Wenn Sie mit dem Schiff in La Savina ankommen, wartet am Kai der Inselbus, der zu jedem Ort von Formentera fährt. Wenn Sie Ihr Quartier jedoch möglichst schnell erreichen möchten, sollten Sie ein Taxi nehmen. Das Fahrrad mieten Sie am besten am Ankunftstag für die gesamte Zeit Ihres Aufenthalts (günstigerer Tarif).

Picknickausflüge

Auf dem Gepäckträger Ihres Fahrrades sollten Sie einen Korb oder Ihren Tagesrucksack mitführen. Es gibt manch schönen Picknickplatz auf Formentera, an dem sich ein längeres Verweilen lohnt. Das Badezeug sollten Sie stets mitführen, um das Radeln jederzeit durch ein erfrischendes Bad unterbrechen zu können.

Die Picknickvorschläge tragen dieselben Nummern wie die Radtouren, die zu den Picknickplätzen führen. Dem Namen des Picknickplatzes folgt ein Kartenhinweis; die genaue Lage des Picknickplatzes ist auf der großformatigen Karte von Formentera (auf der Rückseite der Autokarte) mit einem ***P*** gekennzeichnet. Für einige der Picknickplätze enthält dieser Band auch Abbildungen; der Fotohinweis folgt dem Kartenhinweis.

Daß Sie den Picknickplatz wieder sauber verlassen, ist selbstverständlich. Vielleicht nehmen Sie auch einmal eine Dose oder Plastiktüte mit, die ein anderer Naturfreund liegengelassen hat. Gute Beispiele machen Schule, und so könnte die Insel noch sauberer werden.

Picknickvorschläge

1 CALA SAONA (10km; Karte auf der Rückseite der Autokarte, Foto Seite 113)

Folgen Sie der Radtour 1, und suchen Sie sich einen schönen Picknickplatz entweder am Strand oder etwas oberhalb unter den Pinien.

3a ES TRUCADORS (4km und 30Min zu Fuß; Karte auf der Rückseite der Autokarte, Fotos Seite 10-11, 116)

Folgen Sie der Radtour 3 und wandern Sie vom Ende des Fahrweges bis zur Meerenge Es Pas. Herrliche Picknickplätze — *allerdings ohne Schatten* — finden Sie zu beiden Seiten der Landzunge Es Trucadors.

3b TANGA STRAND (3km; Karte auf der Rückseite der Autokarte)

Folgen Sie der Radtour 3 bis zu den Salinas Marroig. Auf einem Steg (Foto Seite 115) fahren Sie über die Salzgewinnungsanlagen. Hinter den *salinas* liegt ein sehr schöner Strandabschnitt der Platja de Llevant, der umgangssprachlich auf Formentera »Tanga Strand« genannt wird, obwohl die meisten weiblichen Badegäste noch weniger als ein Tanga-Höschen tragen. Bei der Überquerung von einem der Kanäle müssen Sie Ihr Fahrrad ein kleines Stück tragen.

4 PLATJA DE MIGJORN (10km und Strandwanderung; Karte auf der Rückseite der Autokarte)

Folgen Sie der Radtour 4 bis Ca'n Mari und suchen Sie sich an dem langen Strand der Platja de Migjorn einen geeigneten Picknickplatz.

Diese hübsche kleine Kirche steht in El Pilar.

Radtouren

Für Ihre Radtouren können Sie die Karte auf der Rückseite der Autokarte benutzen, oder sie können sich vor Ort auch die ausgezeichnete *Mapa de Formentera* im Maßstab 1:25 000 besorgen. Sie erhalten sie in Supermärkten, Souvenirläden und Buchhandlungen. Sie kann Ihnen außer einem größeren Maßstab noch einige zusätzliche Informationen liefern. In einer Klarsichthülle sollten Sie die Karte mit einem Gummiband am Lenker befestigen. So können Sie sich mühelos und bequem während der Fahrt informieren.

Auf der Hauptverkehrsstraße der Insel hat man auf beiden Seiten durch eine weiße Linie einen Radwegstreifen abgetrennt. Hier können Sie ohne Gefahr zu zweit nebeneinander radeln. Dieser Radweg fehlt lediglich auf dem steilen Stück zur Hochfläche La Mola hinauf.

Straßen und Wege

Die rot eingezeichneten Straßen auf der *Mapa de Formentera* sowie der Karte in diesem Buch sind sämtlich asphaltiert. Die kleineren, ländlichen Wege sind teilweise asphaltiert, sie lassen sich meist gut radeln; es gibt aber auch Teilstrecken, auf denen Sie Ihr Rad schieben müssen. Diese Wege sind gelb auf der *Mapa de Formentera,* aber mit parallel verlaufenden linien auf der Karte in diesem Band eingezeichneten .

Vom alten Hauptweg der Insel (»Camino Viejo« oder »Camí Vell«) sind nur noch Teilstücke erhalten. Dieser alte Saumpfad ist auf beiden Karten grün gezeichnet. Teilabschnitte sind asphaltiert, andere wieder so uneben, daß Sie Ihr Rad schieben müssen.

Ausrüstung und Bekleidung

Wenn Sie nicht gerade in der Wintersaison radeln, sollten Sie Shorts tragen. Eine Kopfbedeckung ist im Hochsommer empfehlenswert. Eine Sonnenbrille schützt Ihre Augen nicht nur vor den ultravioletten Strahlen der Sonne, sondern verhindert auch, daß Ihnen auf der Fahrt Insekten in die Augen fliegen.

Lassen Sie sich die Telefonnummer Ihres Fahrradverleihers geben, und vereinbaren Sie mit ihm, daß er Sie abholt, wenn Sie mit einer Panne irgendwo auf der Insel liegenbleiben. Ein Fahrradschloß sollten Sie mitführen! Wenn Sie zum Strand gehen, werden Sie Ihr Rad meist außer Sichtweite im Schatten einer Pinie abstellen. Eine Luftpumpe ist Selbstverständlichkeit; bestehen Sie bei der Anmietung eines Rades darauf!

Klima und Wetter

Die Radtouren auf Formentera können Sie zu jeder Jahreszeit unternehmen. Auch in den Sommermonaten Juli und August ist es zum Radeln nicht zu heiß. Der Seewind wie der Fahrtwind verschaffen Ihnen angenehme Kühlung. In den Wintermonaten haben Sie die Insel ganz für sich. Dann sollten Sie sich natürlich etwas wärmer anziehen und das Regenzeug (Jacke und Hose) in der Ausrüstung nicht vergessen.

Vorbereitung der Radtouren

Ihr Fahrrad stellen Sie je nach den örtlichen Gegebenheiten entweder beim Fahrradverleiher oder bei Ihrem Quartier ab. Planen Sie Ihr Tagesziel sorfältig! Die Beschreibung der Radtouren enthalten nur Kilometerangaben und keine Fahrtzeiten, da die Radfahrgeschwindigkeit individuell sehr verschieden ist. Die auf Formentera zu mietenden Räder haben keine Gangschaltung, es sei denn, Sie haben ein Mountainbike gemietet. Rechnen Sie daher mit einem Tempo zwischen 10 und 20km/h.

Damit Sie beim Radeln nicht allzu schnell ermüden, ist es wichtig, daß Sie Sattel und Lenker vor Fahrtantritt richtig einstellen (oder einstellen lassen).

Fahrradfreaks können ihr eigenes Rad auch mit dem Flugzeug transportieren lassen. Bei einem längeren Aufenthalt auf Formentera lohnt sich das durchaus. Erkundigen Sie sich bei Ihrem Reiseveranstalter!

Die Entfernungsangaben bezeichnen stets die *gesamte* von Es Pujols zurückgelegte Strecke. KM5 bedeutet dagegen *Kilometerstein* 5. KM4,5 bedeutet etwa in der Mitte zwischen Kilometerstein 4 und Kilometerstein 5.

Der Fremdenverkehrsverband hat grün beschilderte Rad- und Wanderwege bezeichnet. Auf den Wegweisern finden Sie den Namen des Weges sowie seine Länge. Die Broschüre »Grüne Touren« erhalten Sie beim Fremdenverkehrsamt in La Savina. Die 19 Wege sind meist nicht sehr lang und zum Teil in den beschriebenen Radtouren enthalten.

1 ES PUJOLS • SAN FERNANDO • SAN FRANCISCO • CALA SAONA • CAP DE BARBARIA • ES PUJOLS

Siehe Karte auf der Rückseite der Autokarte; siehe auch Foto Seite 118

Planen Sie für diese Tour (32km) einen ganzen Tag ein! An der Strecke liegt Picknick 1; es gibt auch ein Restaurant an der Cala Saona (nur in der Hauptsaison geöffnet)

Von Es Pujols geht es zunächst hinauf nach **San Fernando** (2km). Dort biegen Sie nach rechts (W) nach **San Francisco** (5km). Gleich am Ortseingang biegen Sie nach links in Richtung SSO ab und folgen den Schildern »Cala Saona/Cap de Barbaria«. Es geht durch Acker- und Weideland, vorbei an Gärten und Villen. Der letzte Abschnitt führt durch Pinienwald. Am Wegrand wächst duftender Fenchel. Im Frühsommer blüht der Thymian.

Nach 2,5km kommen Sie an eine Kreuzung, an der Sie nach rechts (W) biegen. In flottem Tempo geht es dann zur wunderschönen Bucht **Cala Saona** (10km; Picknick 1) hinunter. Sie ist von Felsen eingerahmt und ihr türkisfarbenes Wasser ist von kristallener Klarheit — siehe Foto gegenüber, unten. Stellen Sie Ihr Rad am Ende der Straße im Schatten ab, und suchen Sie sich einen schönen Platz für die erste Rast! Picknickplätze gibt es reichlich zur Auswahl — sowohl in der Sonne, als auch im Schatten.

Falls Sie nach Ihrem Picknick einen kleinen Verdauungsspaziergang machen möchten, so können Sie von der Cala Saona an der Costa d'es Bou ein Stück nach Westen gehen. (Wenn es in der Hochsaison an der Bucht zu lebhaft zugeht, können Sie ihr Picknick auch an der Costa d'es Bou machen.) Entweder rasten Sie im Sonnenschein auf den Felsklippen, oder Sie suchen sich einen schattigen Platz unter den Pinien. Sie sollten mindestens bis zur Punta Rasa gehen (1km). Eindrucksvoll erheben sich rechts im Hintergrund die Berge Ibizas. Besonders markant zeichnet sich der Fels Es Vedrà ab. Das verkarstete Hochplateau zieht sich nach Süden bis zum Cap de Barbaria hin. Einsamkeitsfanatiker können hier auf einem Küstenpfad eine sehr lange Wanderung unternehmen.

Von der Cala Saona fahren wir wieder hinauf und biegen dann auf der Hauptstraße* nach rechts (Richtung SSW) ab. Auf der Pla del Rei sehen Sie links noch zwei durch hohe Eisengitter eingezäunte archäologische Fundstätten.

Einsam erhebt sich der Leuchtturm am **Cap de Barbaria** (20km; Zeichnung Seite 122). Eine Bademöglichkeit gibt es nicht. Überall fällt die Küste steil zum Meer ab (Foto gegenüber). Vielleicht wandern Sie Richtung NO zur Torre d'es Garro-

*Etwa 1km vor der Hauptstraße biegt, gegenüber einem von Steinmauern eingeschlossenen Feld mit Feigenbäumen, nach rechts der 2,3km lange Camí d'es Cap ab. Dieser Wanderweg läßt sich auch ohne Mountainbike recht gut radeln und führt wieder auf die Hauptstraße zum Cap de Barbaria. Außerhalb der Hauptsaison, wenn weniger Wanderer unterwegs sind, könnten Sie diese Variante unternehmen.

Links: An den Zweigen eines abgestorbenen Baumes werden Fische in der Sonne gedörrt (Radtour 4). Rechts: Steilküste oberhalb der Cova Foradada (Radtour 1); die Klippen underhalb des Faro de la Mola (Radtour 2) fallen ebenso steil zum Meer ab.

veret. Oder Sie zu besichtigen die eindrucksvolle Höhle Sa Cova Foradada an der steilen Felswand über dem Meer. Sie können in sie hinabsteigen und auch ohne Taschenlampe unterirdisch bis zu einer Aussichtskanzel an der Steilwand gehen.

Auf derselben Strecke fahren Sie vom Kap nach **San Francisco**. Am Friedhof vorbei fahren Sie die schöne Strecke am **Estany Pudent** entlang, zurück nach Es Pujols.

Cala Saona (Picknick 1, Radtouren 1 und 3)

2 ES PUJOLS • ES CALO • EL PILAR • FARO DE LA MOLA • ES PUJOLS

Siehe Karte auf der Rückseite der Autokarte und Foto Seite 117

Eine eindrucksvolle Radtour (32km, ohne die drei Abstecher), auf der Sie Formentera fast in der gesamten Länge durchqueren, ist die Fahrt zum Leuchtturm an der Ostküste. Ein drei Kilometer langes steiles Stück ist auf dieser Tour vielleicht für einige Radler etwas beschwerlich. An der Strecke finden Sie Restaurants in Es Caló und El Pilar.

Sie fahren nach **San Fernando** hinauf (2km) und biegen dort auf der Hauptstraße nach El Pilar nach links ab. Einen Abzweig nach rechts zur Platja de Migjorn (bei KM6,5) lassen Sie unbeachtet. Bei KM9,9 können Sie ein Stück nach rechts zu römischen Ruinen abzweigen, sie sind jedoch nicht sehr eindrucksvoll. Von dem Höhenrücken geht es dann zum kleinen Ferienort **Es Caló** hinunter (8,5km)

Von Es Caló geht es dann in Serpentinen steil hinauf bis KM15. Von KM15 bis KM16 folgt dann noch eine geringe Steigung. Dann haben Sie die Höhe geschafft. Mit dem Mountainbike ist die Steigung kein Problem. Auf der Hochfläche endet auch der Wald.

Sie radeln durch den kleinen Ort **El Pilar** (13.5km) mit seiner sehenswerten Kirche (Zeichnung Seite 108) und sind nach 2,5 weiteren Kilometern beim Leuchtturm **Faro de la Mola** (16km). Am Leuchtturm erinnert eine Gedenktafel an Jules Verne. Vorsicht ist bei der Umwanderung des Leuchtturmes geboten. Die Klippen fallen senkrecht ab.

Wir fahren dieselbe Strecke wieder zurück. Vielleicht besichtigen Sie noch die schöne Windmühle, die am Westrand von El Pilar liegt. In El Pilar können Sie noch zwei Abstecher — allerdings auf nicht asphaltierten Wegen — unternehmen.

Abstecher 1: Vom westlichen Ortsende radeln Sie einen Schotterweg hinauf (Camí de sa Talaiassa). Nach 100m kommen Sie an eine Verzweigung, wo fünf Wege zusammenlaufen. Nehmen Sie den asphaltierten in Richtung W! Die Asphaltdecke hört bald auf. Auf dem sich anschließenden Schotterweg können Sie aber gut weiterradeln. Wenn die Steigung endet, sind Sie genau südlich des höchsten Punkt der Insel (auf dem Grundstück mit dem hübschen, weißen Anwesen). In nordwestlicher Richtung erblicken Sie einen markanten Taubenturm. Sa Cabra (die Ziege) heißt eine weitere Finca auf dieser Hochfläche. Radeln Sie denselben Weg zur Hauptstraße zurück.

Abstecher 2: Vom westlichen Ortsende radeln Sie nach N auf der Camí de sa Cala. Durch landwirtschaftlich intensiv genutztes Gebiet geht es zunächst bis zum Gut Can Purrisines. Dort steigt der Weg durch ein Wäldchen an. Ein Gestüt liegt rechts. Links der trigonometrische Punkt im Gut Ferrer (133m). Danach geht es in Richtung NW bergab. Bei dem hübschen Anwesen Can Simonette endet der Weg. Radeln Sie denselben Weg zur Hauptstraße zurück!

Auf der Rückfahrt nach Es Pujols können Sie noch bei KM12,8 in einer Spitzkehre nach links zur Südküste abbiegen. Stellen Sie das Rad am Strand ab, und gehen Sie nach SO am Restaurant Es Cupina vorbei! Dort finden Sie am Strand noch manches schöne Plätzchen:

3 ES PUJOLS • ES TRUCADORS • LA SAVINA • PORTO-SALER • TORRE DE LA GAVINA • CALA SAONA • ES PUJOLS

Siehe Karte auf der Rückseite der Autokarte; siehe Fotos auf den Seiten 10-11, 113, 116, 118

Dies ist eine eindrucksvolle Radtour (27km) durch den blendendweißen Norden und den einsamen Westen bei der Punta de la Gavina von Formentera! Vergessen Sie auf dieser Tour die Sonnenbrille nicht! Das grelle Licht bei den Salzgewinnungsanlagen ist sonst nicht zu ertragen. Auf der Strecke liegen Picknick 3a und 3b.

Sie verlassen Es Pujols in Richtung NW. Auf dem kleinen Hügel bei KM3 (abgebrochener Kilometerstein) machen Sie einen kleinen Abstecher nach links zu dem Megalithgrab, das von einem Amateur-Archäologen 1978 entdeckt wurde.

Weiter geht es nach NW auf der Asphaltstraße zwischen den **Salinas Marroig** und dem See **Estany Pudent** entlang. Die Salzgewinnungsanlagen lassen sich heute nicht mehr rentabel betreiben. Man hat sie stillgelegt und das ganze Gelände als Naturschutzgebiet erklärt. Es haben sich seltene Vogelarten hier angesiedelt. Um zur Platja de Llevant (»Tanga Strand«) zu gelangen (Picknick 3b), müssen Sie jetzt über die Stege der Salzgewinnungsanlagen, die unten abgebildet sind, radeln.

Kurz vor KM5 biegt die Asphaltstraße nach links ab. Wir fahren auf dem guten Schotterweg weiter nach N. Der Fahrweg endet bei einem Restaurant (El Divino; 5,5km). Hier stellen Sie das Rad ab und gehen zu Fuß weiter. In einer halben Stunde haben Sie das Ende der Landzunge erreicht. Bei ruhiger See können Sie zu der Insel Espalmador hinüberwaten, nur das letzte Stück müssen Sie schwimmen. Picknick- und Bademöglichkeiten gibt es auf beiden Seiten der schmalen Landzunge **Es Trucadors** (Picknick 3a; Fotos auf den Seiten 10-11 und 116). Auf demselben Weg gehen Sie zum Restaurant zurück, wo Ihr Fahrrad steht.

Sie radeln zurück zu den Salinas und halten sich hinter der Mühle Es Molí d'es Carregador beim ersten Abzweig rechts. So gelangen Sie auf den schmalen Radweg, der nördlich der Asphaltstraße verläuft, die am Nordufer des Sees Estany Pudent entlangführt. An der Schleuse vor **La Savina** (10km; bei einem Gebäude aus Stein in der Form eines Hauszeltes)

Picknick 3b: Über die Stege der salinas radeln sie zum Tanga Strand.

müssen Sie nach links auf die Asphaltstraße (Via Major) abbiegen. Sie radeln ein kleines Stück in Richtung San Francisco. Hinter dem Estany d'es Peix biegen Sie nach rechts in Richtung **Porto-Saler**. Radeln Sie bis zum Ende der Asphaltstraße, und biegen Sie dann auf dem Camí de Dalt Porto-Saler nach NW! Auf etwas holperigen Wegen erreichen Sie den **Torre de la Gavina** (16km).

Radeln Sie denselben Weg bis zum Beginn der Asphaltstraße zurück! Von der Kreuzung nehmen Sie den ausgeschilderten Weg zur **Cala Saona** (20,5km) hinunter. Auf der Asphaltstraße geht es dann über San Francisco nach Es Pujols zurück.

Abstecher: Wenn Sie noch nicht allzu müde sind, können Sie noch einen 5km langen Umweg über Es Mal Pas radeln. Fahren sie hierzu am Abzweig zur Cala Saona nach O den Camí de C'an Parra hinunter. Überqueren Sie den Torrent de S'Alga kurz vor seiner Mündung. Wenn Sie bis an die Küste heranfahren, haben Sie einen schönen Blick auf den Torre d'es Català. Bei einem nachgebauten weißen Turm erreichen Sie wieder einen asphaltierten Weg, der Sie zunächst nach N, später nach NW nach San Francisco führt. Auf dem Camí de Migjorn treffen Sie kurz vor San Francisco wieder auf die Straße zum Cap de Barbaria. Nach Es Pujols radeln Sie entweder auf der Hauptstraße über San Fernando oder kürzer und schöner am Friedhof vorbei und am Estany Pudent entlang.

Links: Eine alte Mühle ist heute ein Feinschmecker Restaurant (Radtour 3). Unten: Bei Es Trucadors blicken Sie zum Nachbarinsel Espalmador (Radtour 3, Picknick 3a). Die Landbrücke ist versunken, jedoch bei ruhiger See können Sie fast hinüberwaten.

4 ES PUJOLS • PLATJA DE MIGJORN • ES PUJOLS

Siehe Karte auf der Rückseite der Autokarte; siehe auch Foto Seite 113

Zu einem der schönsten Strände von Formentera führt Sie diese nur 10km lange Radtour. Sie ist besonders zur Badesaison zu empfehlen. Für dieser Tour empfielt sich ein kleiner Tagesrucksack, damit Sie unbeschwert am Strand entlangwandern können (Picknick 4).

Von Es Pujols fahren Sie zunächst hinauf nach **San Fernando** (2km), wo Sie nach links in Richtung SO abbiegen. Bei KM6,7 biegen Sie nach rechts zur Küste ab. Eine kleine Feriensiedlung (Ca'n Mari) liegt am Ende der Asphaltstraße.

Stellen Sie Ihr Rad an einen schattigen Platz und gehen Sie am Strand barfuß so weit Sie möchten in jede der beiden Richtungen! Der Strand ist so weitläufig, daß hier das Nacktbaden üblich ist.

Dies ist die **Platja de Migjorn**, einer der schönsten Strände auf Formentera, geeignete Picknickplätze finden Sie in großer Zahl (Picknick 4). Nach Westen können Sie bis zur Steilküste des Cap de Barbaria und nach Osten bis zur Ferienanlage Maryland wandern.

Auf demselben Weg geht es wieder nach Es Pujols zurück.

Rechts, Radtour 2: Feldwege laden zu Abstechern an. Beide Abstecher von westlichen Ortsende von El Pilar aus lohnen sich besonders. Unten, Radtour 4: Uberall auf Formentera radelt man an alten Fincas mit schönen Lesesteinmauern vorbei.

5 ES PUJOLS • PUNTA DE SA PEDRERA • TORRE DE LA GAVINA • ES PUJOLS

Siehe Karte auf der Rückseite der Autokarte

Diese Tour (23km) führt nicht nur über Asphaltstraßen. Sie müssen Ihr Rad gelegentlich schieben. Zur Thymianblüte (Mai/Juni) ist die Tour besonders empfehlenswert.

Fahren sie zunächst nach SW den Camí de S'Estany nach **San Francisco** hinauf. Beim Friedhof erreichen Sie die Hauptstraße (Via Major; 3km). Folgen Sie ihr ins Zentrum hinein! Radeln Sie zu den beiden Windmühlen hinauf! Sie gelangen zuerst zur Molino Casa Quixote, danach zur zweiten Mühle, neben der sich ein trigonometrischer Punkt befindet. Genießen Sie den Rundblick von der Höhe!

Anschließend folgen Sie dem Schotterweg nach NW. Er mündet auf den asphaltierten Weg von La Savina nach Porto-Saler (bei dem Haus La Colina). Biegen Sie nach rechts, und radeln Sie nach NO zum **Estany d'es Peix** hinunter! Bei der Residencia Arenas Doradas biegen Sie nach links auf den Camí de S'Estany des Peix ab. Er mündet später auf den Camí de sa Pedrera. Über die ehemaligen Salzgewinnungsanlagen **Es Estanyets** gelangen Sie zur Halbinsel **Punta de sa Pedrera** (10km). Bizarre Felsen schließen eine kleine Bucht (Caló d'es Moro) ein. Stellen Sie Ihr Rad ab, und unternehmen Sie einen kleinen Rundgang zu Fuß! (Die auf der *Mapa de Formentera* eingezeichnete Höhle existiert nicht mehr.)

Anschließend folgen Sie dem Feldweg nach SW zu einer einsamen Finca. Von hier führt ein Sandweg zum Turm. In der Bucht **Racó d'es Banc** können Sie ein erfrischendes Bad nehmen. Dann fahren Sie zur **Torre de la Gavina** (12km). Sie können zum offenen Eingang des Turms hinaufklettern.

In Richtung SO radeln Sie dann auf Schotterwegen zu der Kreuzung, an der der asphaltierte Weg nach La Savina beginnt. Diesen Weg — ein Stück davon kennen Sie ja bereits — radeln Sie jetzt bis zur Via Major hinunter. Folgen Sie der Hauptstraße 300m nach links, biegen Sie am Ortseingang von **La Savina** nach rechts, und radeln Sie am **Estany Pudent** entlang auf dem Camí de S'Estany nach Es Pujols zurück.

Links: Der See Estany Pudent ist heute ein Landschaftsschutzgebiet. Rechts: Die Äste der Feigenbäume müssen vielfach gestützt werden.

6 ES PUJOLS • SAN FERNANDO • ES CALO • CAMINO VIEJO • ES LLISOS • EL PILAR • S'ESTUFADOR • CALO D'ES RAM • ES PUJOLS

Siehe Karte auf der Rückseite der Autokarte

Diese Tour ist eine Kombination einer Radtour mit einer Wanderung, wobei der Schwerpunkt auf der Wanderung liegt. Sie radeln 18km und wandern 15km/4Std (Bergstiefel sind sehr empfehlenswert). Mittagspause: Restaurant Entre los Pinos bei KM12,3 (oder Picknick).

Von Es Pujols radeln Sie zunächst nach **San Fernando** hinauf. Dort biegen Sie nach links ab und radeln auf dem Radweg der Inselhauptstraße nach **Es Caló** (8,5km). Hier sollten Sie sich mit Proviant und Wasser versorgen. Bevor die Straße zu steigen beginnt, biegen Sie nach links zum Hostal **Entre los Pinos** (9km) ab. Beim Hostal stellen Sie Ihr Rad ab.

Sie beginnen die Wanderung, indem Sie auf dem ausgeschilderten Camino Romano bergan steigen. Es geht zunächst an einigen Appartements und Villen vorbei. Ein Fahrweg wird überquert (**3Min**). Ein roter Pfeil zeigt die Gehrichtung an. Der Weg steigt stärker an, und man sieht Teile der alten Pflasterung mit groben Feldsteinen. Ein Abzweig nach links zum Meer wird ignoriert. Hinter einer Lichtung mündet der Camino auf einen breiten Waldweg. Nach **11Min** zweigt nach links wieder ein Weg zum Meer ab. Steigen Sie geradeaus weiter bergan! Der Camino wird zu einem schmalen Pfad. Bald haben Sie nach links einen schönen Blick in eine Bucht (Foto Seite 120). Rechts am Weg befindet sich bald darauf eine Höhle (Cueva de la Mano). Immer wieder haben Sie jetzt nach links schöne Ausblicke über das Meer. Der Pfad führt schließlich an die ockerfarbene Mauer eines Grundstücks heran. Ein Wegweiser zeigt die Entfernungen nach Es Caló und El Pilar an. Neben dem Grundstück ist der Weg asphaltiert. Nach **23Min** biegt er nach rechts zur Straße hinauf. Gehen Sie nicht bis zur Straße: Vor einem ockerfarbenen Torbogen biegen Sie nach links auf einen Wanderpfad ab. Er mündet kurz darauf auf einen breiten Schotterweg, dem Sie nach rechts hinauf in Richtung Straße ein Stück folgen. Etwa 80m vor der Straße biegen Sie nach links (NNO) auf einen Pfad

ab. Sie überqueren einen weiteren Schotterweg. Ein Bachtal müssen Sie durchqueren; hier steht ein alter Kalkbrennofen.

Nach **27Min** treffen Sie auf einen Schotterweg, dem Sie nach links folgen. Sie kommen nach fünf Minuten an die Abbruchkante zum Meer heran. Der Pfad führt durch die Bresche einer Lesesteinmauer hindurch. Er wird danach weniger deutlich. Rechts verläuft eine zT verfallene weitere Lesesteinmauer. Durch die Bresche einer weiteren Mauer gehen sie nach **35Min**. Danach geht es ein Stück weglos über eine karstige Fläche, die mit Rosmarin und Thymian bewachsen ist. Eine Reihe von Gebäuden sehen Sie bald in einiger Entfernung vor sich. Gehen Sie auf das am Meer gelegene Anwesen zu! Durch eine Lücke in der Mauer verlassen Sie das Grundstück wieder. Über die Klippen blicken Sie nach links hinunter zum Meer. Auf einem guten Pfad wandern Sie über Karstgebiet neben einer verfallenen Mauer.

Nach **43Min** führt der Pfad dicht an den Klippenrand heran. Bei einigen weiteren Häusern übersteigen Sie eine niedrige gelbe Mauer. Sie gehen an ockerfarbenen Gebäuden vorbei. Nachdem Sie das Grundstück wieder über die kleine

Der Camino Viejo de la Mola läßt sich in seinem steileren Abschnitten nicht mehr mit dem Fahrrad bewältigen; um diese schöne Küstenausblicke genießen, muß man zu Fuß gehen.

ockerfarbene Mauer verlassen haben, führt ein breiter Weg landeinwärts. Folgen Sie ihm nicht, sondern gehen Sie auf Pfadspuren entlang der Klippen weiter! Eine etwas höhere Mauer, in der oben ein paar Zweige stecken, muß *vorsichtig* überklettert werden (**49Min**). Der Pfad führt jetzt etwas vom Meer weg. Sie gehen auf ein Wäldchen zu. Am Beginn des Wäldchens durchqueren Sie ein Bachtal (**53Min**). Anschließend führt der Pfad an die Mauer, die das Wäldchen zum Meer hin begrenzt, heran. Das Ende von Wäldchen und Mauer erreichen Sie nach **57Min**. Etwa 300m vom Meer entfernt gehen Sie nach ONO weiter. Sie wandern über eine mit Büschen und Bäumen bestandene karstige Hochfläche. Der Pfad mündet auf einen Schotterweg, der an eine Mauer heranführt und links neben ihr verläuft. Sie gehen wieder zum Meer in Richtung NNO. Sie übersteigen die Mauer an einer hierfür vorgesehenen Stelle (**1Std04Min**). Auf einem Pfad gehen Sie nach O in ein Wäldchen hinein. Der Pfad entfernt sich von der Mauer nach links; Sie gehen nach N in Richtung Meer. Nach **1Std10Min** übersteigen Sie die Mauer dort, wo sie eine andere Mauer trifft. Sie gehen in Richtung O weiter. An einer Mauerecke übersteigen Sie die Mauer erneut an einer hierfür vorgesehenen Stelle (**1Std14Min**).

Danach gibt es vorerst keine Mauern mehr. Rechts liegt ein Wäldchen, Sie gehen nach links in Richtung NO aufs Meer zu. Nach **1Std18Min** kommen Sie zu einer markanten Steinpyramide. Sie steht am Ende einer älteren verfallenen Mauer. Der Pfad verläuft jetzt wieder am Klippenrand. Es Llisos heißt dieses Gebiet oberhalb der Bucht Racó de sa Creu. Bald (**1Std23Min**) geht es tief in ein Bachbett hinab. Ebenso steil geht es auf der anderen Seite wieder hinauf. In größerer Entfernung erblicken Sie ein einsames Haus oberhalb der Klippen, die hier eindrucksvoll zum Meer abfallen. Gehen Sie auf einem breiten Schotterweg auf das Haus zu! Der Weg führt nach W an das tiefe Tal des Torrent de sa Fontanella heran. Links und rechts wachsen Kiefern, Wacholder und Pinien. Rosmarin bedeckt die Erde. Von rechts mündet ein Weg ein. Beide Wege sind mit dicken roten Pfeilen markiert. Gehen Sie nach SW geradeaus weiter! Das Bachtal haben Sie zur Linken; rechts vom Weg verläuft eine Lesesteinmauer. Nach **1Std44Min** erreichen Sie ein paar Häuser. In der Ferne erblicken Sie die Häuser von El Pilar. Der Pfad führt zunächst in Richtung SSW an einem Feld entlang. Danach (**1Std54Min**) gehen Sie an einem halbverfallenen Haus vorbei. Es folgt ein weißes Haus in ibezenkischem Stil (**2Std**). Sie kommen auf einen breiten Schotterweg, der zwischen zwei Mauern nach WSW führt. Bei einer Kreuzung (**2Std06Min**) gehen Sie geradeaus weiter. Die Ränder dieses landwirtschaftlichen Weges sind hoch mit Fenchel bewachsen. Wein wird hier angebaut.

Nach **2Std18Min** kommen Sie bei der Kirche von El Pilar heraus. Ein Wegweiser sagt Ihnen, daß Sie auf dem Camí

Monastir gekommen sind. Auf dem Camí S'Estufador gehen Sie nach SW weiter. In einiger Entfernung steht links eine alte Windmühle, rechts der Rumpf einer weiteren Mühle. Bei einer Verzweigung halten Sie sich nach **2Std28Min** links Richtung S'Estufador. Sie gehen auf ein Gebäude mit einer blauen Tür zu. Davor biegt der Weg jedoch nach links. Sie überqueren einen tiefeingeschnittenen Graben. Er sieht wie das Bett eines Kanals aus. Sie gehen nach S an dem schönen einsamen Haus mit der blauen Tür vorbei. Auf einem breiten Schotterweg geht es dann nach SW zum Meer hinunter. Nach **2Std48Min** stehen links am Weg einige kleine Häuschen. Danach geht es etwas steiler bergab. Rechts am Weg ein Unterstand aus Feldsteinen. Es folgen einige hübsche Villen. Der alte Saumpfad ist mit großen Natursteinen befestigt.

Nach **2Std58Min** erreicht der Weg die Küste. Ein Küstenpfad schließt sich nach rechts an. Er schlängelt sich in ständigem Auf und Ab durch die gebirgige Küstenlandschaft. Bei einer Verzweigung halten Sie sich links (**3Std11Min**). Kurz darauf durchqueren Sie ein steiles Bachtal. Nach **3Std 17Min** führt der Pfad dicht an die Küste heran. Kurz darauf wieder einige Bootsschuppen wie am Beginn des Küstenpfades an der Mündung des Torrent de sa Talaia. Hier an der Caló d'es Ram sollten Sie sich ein Bad gönnen. Anschließend gehen Sie die Klippen hinauf und folgen dem breiten Schotterweg landeinwärts, zum Rückgrat der Insel hinauf. Bald (**3Std26Min**) schließt sich von links ein Weg an. Ein nach rechts abzweigender Privatweg bleibt unbeachtet. Auf einer Brücke überqueren Sie das Bachbett des Torrent d'es Arbocers. Gleich danach geht es nach rechts (NW) einen Waldweg hinauf, an der Casa Sanidas vorbei. Nach **3Std35Min** kommen Sie auf einen breiten Weg. Folgen Sie ihm nach rechts ansteigend.

Bald (**3Std40Min**) überschreiten Sie das Rückgrat der Insel. Jetzt geht es wieder bergab. Wenn Sie die Straße erreichen, so folgen Sie ihr ein kleines Stück nach rechts bergauf. Nach wenigen Metern können Sie wieder nach links abzweigen (**3Std48Min**). Bei der Verzweigung halten Sie sich rechts. Sie gehen auf einem guten Schotterweg in Richtung NNO auf die Küste zu. Links am Weg eine alte verfallene Finca mit roter Markierung. Einen bunt bemalten Brunnenschacht finden Sie noch am Weg. Nachdem Sie unter der Hochspannungsleitung hindurch gegangen sind, treffen Sie nach **3Std54Min** wieder auf den Römerweg. Ihm folgen Sie nach links abwärts. Nach insgesamt **4Std** sind Sie dann wieder beim Hostal Entre los Pinos, wo Ihr Fahrrad steht.

Anschließend radeln Sie dem gleichen Weg nach Es Pujols zurück.

BUS- UND SCHIFFSFAHRPLÄNE

Bus- und Schiffsverbindungen zu den hier aufgeführten Zielen finden Sie auf den folgenden Seiten. Die Ziffern, die dem Ortsnamen folgen, sind ***Fahrplannummern***. Es handelt sich um die Fahrpläne in der Saison. Außerhalb der Saison fahren die Busse und Schiffe weniger häufig. Es werden nur die Busabfahrten an Werktagen (Montags bis Freitags) angegeben. Am Samstag und an Sonn- und Feiertagen fahren weniger Busse. Es gibt vier Busgesellschaften auf Ibiza. Sie bedienen verschiedene Strecken. Die vier Gesellschaften geben jedoch einen gemeinsamen Fahrplan heraus, den Sie sich am Busbahnhof in Ibiza-Stadt besorgen sollten. ***Die zweite Spalte gibt jeweils die Abfahrtzeit der Gegenrichtung an.***

Cala Azul 23
Cala Bassa 13
Cala Codolar 14
Cala Conta 15
Cala Gració 17
Cala Llenya 23; 29, 33, 42, 43, 44
Cala Llonga 4, 26; 27, 36, 41, 42
Cala Pada 28, 32, 38, 43
Cala San Vicente 6
Cala Tarida 11, 14
Cala Vedella 12
Canar, Es 20; 37, 38, 39, 40, 41
Cap Martinet 9
Cap Negret 17
Figueral, Es 22
Flughafen 1
Formentera 30, 35, 40, 44
  Mola, La 52
  Pilar, El 45, 46, 49, 52
  Pujols, Es 47, 48, 49
  San Fernando 46, 48, 49, 50, 52
  San Francisco 45, 46, 47, 48, 51
  Savina, La 45, 47, 50, 51
Ibiza-Stadt 1, 2, 3, 4, 5, 6, 7, 8, 9, 10, 11, 12, 16, 18; 27, 28, 29, 30, 31, 34, 39
Jesús 4
Platja d'en Bossa 2
Portinatx 7, 24
Port de Sant Miquel 5
Puig d'en Valls 9
Salinas 3
San Antonio 13, 14, 15, 16, 17, 18, 19, 21
San Carlos 22, 23, 25
San Jorge 1
San José 11, 12, 16
San Juan 6
San Miguel 5
Santa Eulalia 4, 8, 20, 21, 22, 23, 24, 25, 26; 32, 33, 34, 35, 36, 37
Santa Inés 10, 19
Talamanca 4, 9; 31

1 Ibiza—San Jorge—Flughafen

07.00	07.30
08.00	08.30
09.00	09.30
10.10	10.30
11.10	11.30
12.10	12.30
13.10	13.30
14.00	14.30
15.10	15.30
16.00	16.30
17.10	17.30
18.10	18.30
19.00	19.30
20.00	20.35
21.10	21.35
22.10	22.35

2 Ibiza—Platja d'en Bossa

07.45	08.20
and half-hourly until	
23.00	23.30

3 Ibiza—Salinas

09.30	10.00
10.30	11.00
11.30	12.00
12.30	13.00
13.30	13.50
15.45	16.00
16.30	17.00
17.30	18.00
18.30	19.00
19.30	20.00

4 Ibiza—Talamanca—Jesús—Cala Llonga —Santa Eulalia

09.00	08.30
10.00	09.15
11.00	11.30
12.30	13.00
15.00	13.15
16.00	15.30
17.00	16.30
18.00	17.30
19.30	18.30

5 Ibiza—Port de Sant Miquel—San Miguel

10.15	08.00
13.00	09.15
17.00	11.00
19.30	15.30
	18.00

6 Ibiza—San Juan—Cala San Vicente

12.15	08.35
19.45	15.30

7 Ibiza—Portinatx

10.15	09.15
12.15	10.15
15.00	11.15
16.30	15.30
19.00	17.30

8 Ibiza—Santa Eulalia

07.30	07.30
08.00	08.00
08.30	08.30
09.00	09.00
09.30	09.30
10.00	10.00
10.30	10.30
11.00	11.00
11.30	11.30
12.00	12.00
12.30	12.30
13.00	13.00
13.30	13.30
14.00	14.00
14.30	14.30
15.00	15.00
15.30	15.30
16.00	16.00
16.30	16.30
17.00	17.00
17.30	17.30
18.30	18.00
19.30	18.30
20.30	19.00
21.30	19.30
22.30	20.00
23.30	20.30
24.30	21.30
	22.30
	23.30
	24.00

9 Ibiza—Puig d'en Valls—Talamanca—Cap Martinet

08.15	08.30
09.15	09.35
10.15	10.35
11.15	11.35
12.15	12.35
14.00	14.30
17.15	17.40
18.15	18.40
19.15	19.40
20.00	20.35

10 Ibiza—Santa Inés

09.20	08.40
10.25	09.50
13.00	11.20
19.10	16.15

11 Ibiza—San José—Cala Tarida

10.10	09.15
11.35	10.50
13.15	12.20
17.10	16.15
18.30	17.45

12 Ibiza—San José—Cala Vedella

09.45	08.45
11.15	10.45
13.30	12.45
17.15	16.15
19.15	18.15
21.00	20.15

13 San Antonio—Cala Bassa

09.30	10.00
10.30	11.00
11.30	12.00
12.30	13.00
15.30	16.00
16.30	17.00
17.30	18.00
18.30	19.00

14 San Antonio—Cala Tarida

09.15	09.45
10.15	10.45
11.15	11.45
12.15	13.00
15.15	16.00
16.15	17.00
17.15	18.00
18.15	19.00
19.15	

15 San Antonio—Cala Conta

09.10	09.40
10.10	10.40
11.10	11.40
12.15	13.00
15.30	16.00
16.30	17.15
18.00	18.45

16 San Antonio—San José—Ibiza

08.00	09.10
09.45	10.30
11.15	12.15
15.30	16.15
17.00	19.45

17 San Antonio—Cala Gració—Cap Negret

08.30	09.00
09.30	10.00
10.30	11.00
12.30	13.00
13.30	16.30
16.00	17.30
17.00	18.30
18.00	19.30
19.00	20.30
20.00	21.30
21.00	

18 San Antonio—Ibiza

von	von
07.30	08.00
bis	bis
21.00	21.30
halb-stündlich	halb-stündlich

19 San Antonio—Santa Inés

08.15	19.45

20 Santa Eulalia—Es Canar

08.00	08.15
08.30	09.15
09.00	09.45
09.30	10.15
10.00	10.45
10.30	11.15
11.00	11.45
11.30	12.15
12.00	12.45
12.30	13.15
13.00	13.45
13.30	14.15
14.00	14.45
14.30	15.15
15.00	15.45
15.30	16.15
16.00	16.45
16.30	17.15
17.00	17.45
18.00	18.15
18.30	18.45
19.00	19.15
19.30	19.45
20.00	20.15
20.30	20.45
21.00	21.15
22.00	22.15
22.30	22.45
23.00	23.45
00.30	00.45

21 Santa Eulalia—San Antonio

09.30	10.15
11.00	11.45
15.30	16.15
18.00	18.45

22 Santa Eulalia—San Carlos—Es Figueral

08.40	09.15
09.30	10.30
13.00	13.55
14.40	15.15
16.30	17.40
20.00	20.30

23 Santa Eulalia—San Carlos—Cala Llenya—Cala Azul

08.30	09.15
13.30	14.00
15.30	16.10
19.10	19.40

24 Santa Eulalia—Portinatx

09.30	16.00

25 Santa Eulalia—San Carlos

13.00	07.45
20.00	15.15

26 Cala Llonga—Santa Eulalia

08.30	09.00
09.30	10.00
10.30	11.00
11.30	12.00
12.30	13.00
13.15	16.00
15.30	17.00
16.30	18.00
17.30	19.00
18.30	20.00
19.30	
20.15	

27 Ibiza—Cala Llonga*

10.30	09.00
11.30	10.00
12.30	11.00
15.30	13.00
16.30	15.00
17.30	16.00

* via Santa Eulalia

28 Ibiza—Cala Pada*

10.30	09.00
11.30	10.00
12.30	11.00
15.30	13.00
16.30	15.00
17.30	16.00

* via Santa Eulalia

29 Ibiza—Cala Llenya*

11.30	08.45
12.30	10.00
16.30	13.00
17.30	15.00

* via Santa Eulalia

30 Ibiza—Formentera

09.15	07.30
09.30	08.30
10.15	10.15
11.00	11.00
12.00	12.30
13.30	16.00
15.15	17.00
17.30	18.00
18.30	18.30
20.00	19.00
20.30	20.00

31 Ibiza—Talamanca

09.00	09.00
and	and
every	every
half	half
hour	hour
until	until
20.00	20.00

32 Santa Eulalia—Cala Pada

09.30	09.00
10.30	10.00
11.30	11.00
12.30	12.00
13.30	13.00
15.30	15.00
16.30	16.00
17.30	17.00
18.30	18.00
	19.00

33 Santa Eulalia—Cala Llenya

09.30	08.45
12.30	10.00
13.30	13.00
17.30	15.00
18.30	18.00

34 Santa Eulalia—Ibiza

09.30	10.30
10.30	11.30
11.30	12.30
12.30	14.30
13.30	15.30
15.30	16.30
16.30	17.30

35 Santa Eulalia—Formentera

09.30	17.00

36 Santa Eulalia—Cala Llonga

09.30	09.00
10.30	10.00
11.30	11.00
12.30	12.00
13.30	13.00
15.30	15.00
16.30	16.00
17.30	17.00
18.30	18.00
	19.00

37 Santa Eulalia—Es Canar

09.30	09.00
10.30	10.00
11.30	11.00
12.30	12.00
13.30	13.00
15.30	15.00
16.30	16.00
17.30	17.00
18.30	18.00
	19.00

38 Es Canar—Cala Pada

09.00	09.00
10.00	10.00
11.00	11.00
12.00	12.00
13.00	13.00
15.00	15.00
16.00	16.00
	17.00
	18.00

39 Es Canar—Ibiza

09.00	10.30
10.00	11.30
11.00	12.30
13.00	15.30
15.00	16.30
16.00	17.30

40 Es Canar—Formentera

09.00	17.00

41 Es Canar—Cala Llonga

09.00	09.00
10.00	10.00
11.00	11.00
12.00	12.00
13.00	13.00
15.00	15.00
16.00	16.00
17.00	17.00
18.00	18.00

42 Cala Llenya— Cala Llonga*

08.45	09.00
10.00	12.00
13.00	13.00
15.00	17.00
	18.00

* via Santa Eulalia

43 Cala Llenya— Cala Pada*

08.45	09.00
10.00	12.00
13.00	13.00
15.00	17.00
	18.00

* via Santa Eulalia

44 Cala Llenya— Formentera

08.45	17.00

45 El Pilar— San Francisco— La Savina

06.40	12.30
09.30	15.00
14.00	17.20
16.00	

* An Sonn- und Feiertagen fahren die unterstrichenen Busse.

46 San Francisco— San Fernando— El Pilar

12.30
15.05
18.00

47 Es Pujols— San Francisco La Savina

10.15	10.45
16.15	11.30
17.25	12.20
	15.00

* An Sonn- und Feiertagen fahren die unterstrichenen Busse.

48 San Francisco— San Fernando Es Pujols

10.55
11.40
12.30
15.05
18.00

49 Es Pujols— San Fernando El Pilar

15.30	09.30
18.10	16.00

50 San Fernando— La Savina

07.05
10.10
16.25
17.40

51 San Francisco— La Savina

07.05
10.10
16.25
17.40

52 San Fernando— El Pilar— La Mola

12.40
15.15
18.15

Ortsregister

Dieses Verzeichnis enthält nur geographische Namen. Hinsichtlich weiterer Eintragungen vgl. Inhaltsverzeichnis auf Seite 3. *Kursivgedruckte* Seitenzahlen geben an, wo Sie die entsprechende Karte finden können; **fettgedruckte** Seitenzahlen weisen auf Fotos hin. Alle die im Formentera-Register enthaltenen Ortsnamen sind auf der Karte von Formentera auf der Rückseite der Autokarte eingezeichnet.

IBIZA

FORMENTERA